大迫力！
新・妖怪大百科

山口敏太郎

西東社

妖怪の世界へようこそ

山口敏太郎

妖怪って何？

妖怪という言葉があらわす範囲はひろい。たとえば、台風など自然災害を妖怪としてよんだり、道具や自然の精霊を妖怪とよんだりすることもある。さらに、物が勝手に動くポルターガイスト現象や人間がきえてしまう事件などふしぎなできごとも妖怪としてあつかわれた。つまり、妖怪とは生き物ではなく、得体のしれない現象のことなのだ。

妖怪は本当にいる!?

妖怪がいるのか、いないのか。それは日本人がむかしからなやんでいるテーマだ。

今でも、「河童」（➡P16）、「天狗」（➡P30）、「海坊主」（➡P94）などの妖怪を目撃する人がいる。写真にも「一反木綿」（➡P26）らしき飛行物体などがうつりこむことがある。妖怪はつねに日本人のそばでそっと息をひそめてきたのかもしれない。

妖怪って おもしろい！

　妖怪は、こわいだけではなく、さまざまな歴史上のできごとが合わさって伝説になっている。妖怪には"その時代を生きた人びとの本音"がこめられている。だから、妖怪を知ることは、その時代の人びとのくらしや気持ちを理解することにつながる。妖怪とは、"過去のタイムカプセル"であるといってもいいだろう。

妖怪って 悪いやつ？

　妖怪は「ヤマタノオロチ」（➡P72）、「牛鬼」（➡P230）など人間をおそったり、殺したりしてしまう凶悪なものも存在するが、人間に富をあたえる「座敷童子」（➡P110）や、漁を手伝ってくれる「キジムナー」（➡P22）などいい妖怪もたくさんいる。
　妖怪は人間とともに生きる存在であり、けっして悪いやつばかりではないのだ。

3

もくじ

◆ 妖怪の世界へようこそ —————— 2

◆ 妖怪リスト（50音順）————— 10

◆ 本の見方 ————————————— 12

1章 妖しきものたち ⑬

◆ だいだらぼっち —— 14

◆ 河童 —————————— 16

◆ 狂骨 —————————— 20

◆ キジムナー ————— 22

◆ 一反木綿 ————— 26

◆ 雨降小僧 ————— 28

◆ 天狗 —————————— 30

◆ 歯黒べったり —— 34

◆ 釣瓶下ろし ————— 36

◆ 山男 —————————— 38

◆ てんまる ————— 40

◆ コロボックル —— 42

◆ 魔除け小僧 ————— 44

◆ 子泣き爺 ————— 46

- ◆ ヒダル神 —————— 50
- ◆ しょうけら —————— 52
- ◆ なげだし —————— 54
- ◆ 網切り —————— 56
- ◆ 豆腐小僧 —————— 57
- ◆ 人魚 —————— 58
- ◆ 暗闇目 —————— 62
- ◆ 頬なで —————— 64

◇2章◇ 闇にひそむ手 ⑥⑨

- ◆ 濡れ女 —————— 70
- ◆ ヤマタノオロチ —— 72
- ◆ 火車 —————— 76
- ◆ 猫また —————— 78
- ◆ ぬりかべ —————— 80
- ◆ 黒姫様 —————— 84
- ◆ 高坊主 —————— 86
- ◆ 雪女 —————— 88
- ◆ 元興寺 —————— 92

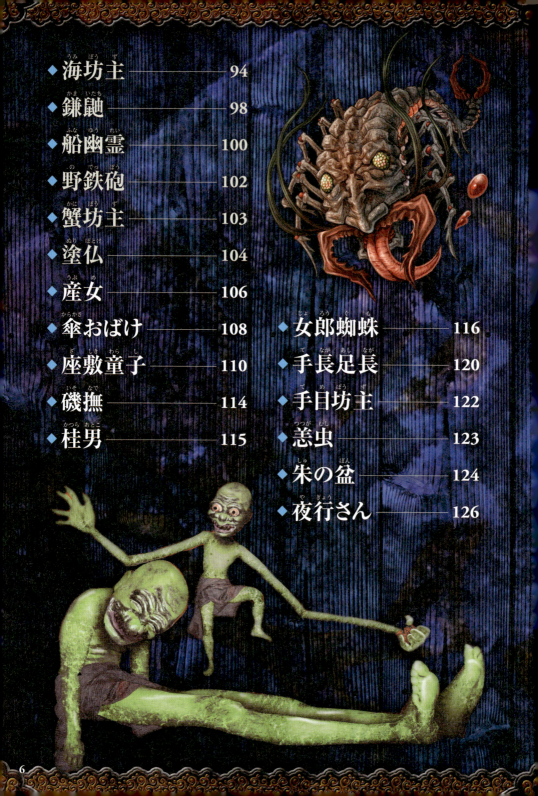

- 海坊主 ──── 94
- 鎌鼬 ──── 98
- 船幽霊 ──── 100
- 野鉄砲 ──── 102
- 蟹坊主 ──── 103
- 塗仏 ──── 104
- 産女 ──── 106
- 傘おばけ ──── 108
- 座敷童子 ──── 110
- 磯撫 ──── 114
- 桂男 ──── 115
- 女郎蜘蛛 ──── 116
- 手長足長 ──── 120
- 手目坊主 ──── 122
- 恙虫 ──── 123
- 朱の盆 ──── 124
- 夜行さん ──── 126

3章 不気味な黒い影 131

- ひょうすべ ——— 132
- 重箱婆 ——— 134
- 倩兮女 ——— 136
- 沢女 ——— 138
- 輪入道 ——— 140
- 一目連 ——— 142
- がしゃどくろ ——— 144
- 三吉鬼 ——— 146
- ぴちゃぴちゃ小僧 ——— 148
- ろくろ首 ——— 150

- 貂 ——— 154
- 髪切り ——— 155
- 小豆洗い ——— 156
- 山彦 ——— 160
- 垢なめ ——— 162
- 枕返し ——— 164
- 赤ゑいの魚 ——— 165
- 山姥 ——— 166

雷獣 ——————— 171

カイナデ ——————— 172

蓑火 ——————— 174

一本だたら ——————— 176

タンタンコロリン —— 180

ケサランパサラン —— 182

件 ——————— 184

鵺 ——————— 168

浪小僧 ——————— 170

4章 異形との接触 191

見越入道 ——————— 192

覚 ——————— 196

天邪鬼 ——————— 198

二口女 ——————— 202

目一つ坊 ——————— 204

舞首 ——————— 208

べらぼう ——————— 210

長壁 ——————— 212

川男 ——————— 214

◆ 魍魎 ──── 216

◆ 応声虫 ──── 218

◆ 寝肥 ──── 219

◆ ぬっぺぼう ──── 220

◆ 砂かけ婆 ──── 224

◆ 土蜘蛛 ──── 226

◆ ぬらりひょん ──── 228

◆ 牛鬼 ──── 230

◆ ケンムン ──── 234

◆ 天井なめ ──── 236

◆ 豆狸 ──── 237

◆ べとべとさん ──── 238

◆ 山童 ──── 240

◆ 百々目鬼 ──── 242

◆ おとろし ──── 244

◆ 泥田坊 ──── 246

◆ 龍 ──── 248

◆ 百鬼夜行とは ──── 66

◆ 妖怪と幽霊の違い ── 68

◆ 妖怪強さくらべ ──── 88

◆ 妖怪のやっつけ方 ── 122

◆ 日本各地のレア妖怪 ── 164

◆ 歴史上の人物と妖怪 ── 200

◆ 現代にひそむ妖怪 ── 252

妖怪リスト（50音順）

あ

赤ゑいの魚 あかえいのうお ——— 165
垢なめ あかなめ ——— 162
小豆洗い あずきあらい ——— 156
天邪鬼 あまのじゃく ——— 198
網切り あみきり ——— 56
雨降小僧 あめふりこぞう ——— 28
暗闇目 あやめ ——— 62
磯撫 いそなで ——— 114
一目連 いちもくれん ——— 142

一反木綿 いったんもめん ——— 26
一本だたら いっぽんだたら ——— 176
牛鬼 うしおに ——— 230
産女 うぶめ ——— 106
海坊主 うみぼうず ——— 94
応声虫 おうせいちゅう ——— 218
長壁 おさかべ ——— 212
おとろし ——— 244

か

カイナデ かいなで ——— 172
元興寺 がごぜ ——— 92
火車 かしゃ ——— 76
がしゃどくろ ——— 144
河童 かっぱ ——— 16
桂男 かつらおとこ ——— 115
蟹坊主 かにぼうず ——— 103
鎌鼬 かまいたち ——— 98
髪切り かみきり ——— 155
傘おばけ からかさおばけ ——— 108

川男 かわおとこ ——— 214
キジムナー きじむなー ——— 22
狂骨 きょうこつ ——— 20
件 くだん ——— 184
黒姫様 くろひめさま ——— 84
ケサランパサラン けさらんぱさらん ——— 182
倩兮女 けらけらおんな ——— 136
ケンムン けんむん ——— 234
子泣き爺 こなきじじい ——— 46
コロボックル ころぼっくる ——— 42

さ

座敷童子 ざしきわらし ——— 110
覚 さとり ——— 196
沢女 さわおんな ——— 138
三吉鬼 さんきちおに ——— 146
重箱婆 じゅうばこばば ——— 134

朱の盆 しゅのぼん ——— 124
しょうけら ——— 52
女郎蜘蛛 じょろうぐも ——— 116
砂かけ婆 すなかけばばあ ——— 224

た

だいだらぼっち ——— 14
高坊主 たかぼうず ——— 86
タンタンコロリン たんたんころりん ——— 180
土蜘蛛 つちぐも ——— 226

恙虫 つつがむし ——— 123
釣瓶下ろし つるべおろし ——— 36
手長足長 てながあしなが ——— 120
手目坊主 てめぼうず ——— 122

た

貂 てん ——————————— 154
天狗 てんぐ ——————————— 30
天井なめ てんじょうなめ ——————— 236
てんまる ——————————— 40

豆腐小僧 とうふこぞう ——————— 57
百々目鬼 とどめき ——————————— 242
泥田坊 どろたぼう ——————————— 246

な

なげだし ——————————— 54
浪小僧 なみこぞう ——————————— 170
人魚 にんぎょ ——————————— 58
鵺 ぬえ ——————————— 168
ぬっぺぼう ——————————— 220
ぬらりひょん ——————————— 228
ぬりかべ ——————————— 80

塗仏 ぬりぼとけ ——————————— 104
濡れ女 ぬれおんな ——————————— 70
猫また ねこまた ——————————— 78
寝肥 ねぶとり ——————————— 219
野槌 のづち ——————————— 94
野鉄砲 のでっぽう ——————————— 102

は

歯黒べったり はぐろべったり —— 34
びちゃびちゃ小僧 びちゃびちゃこぞう — 148
ヒダル神 ひだるがみ ——————————— 50
ひょうすべ ——————————— 132
二口女 ふたくちおんな ——————— 202

船幽霊 ふなゆうれい ——————————— 100
べとべとさん ——————————— 238
べらぼう ——————————— 210
頬なで ほおなで ——————————— 64

ま

舞首 まいくび ——————————— 208
枕返し まくらがえし ——————————— 164
豆狸 まめだぬき ——————————— 237
魔除け小僧 まよけこぞう ——————— 44

見越入道 みこしにゅうどう ——————— 192
蓑火 みのび ——————————— 174
目一つ坊 めひとつぼう ——————— 204
魍魎 もうりょう ——————————— 216

や

夜行さん やぎょうさん ——————— 126
ヤマタノオロチ やまたのおろち —— 72
山姥 やまうば ——————————— 166
山男 やまおとこ ——————————— 38

山彦 やまびこ ——————————— 160
山童 やまわろ ——————————— 240
雪女 ゆきおんな ——————————— 88

ら

雷獣 らいじゅう ——————————— 171
龍 りゅう ——————————— 248
ろくろ首 ろくろくび ——————————— 150

わ

輪入道 わにゅうどう ——————————— 140

本の見方

妖怪の絵
妖怪の代表的なすがたがえがかれている

妖怪博士の記録
妖怪の豆知識や、めずらしい伝説などを紹介している

解説
妖怪の特徴や伝説などを紹介している

妖怪の名前

妖怪博士の記録
佐渡島に出た妖怪「ふすま」

「一反木綿」と似た妖怪に「ふすま」がいる。これは佐渡島の妖怪で、夜中に座敷のようなものが飛んできて頭にかぶさってくる。刃物では切りさけないが、一度でもお歯黒をしたことがある歯でかむと、やぶれるといわれている。

一反木綿

人間の首をしめて殺す布の妖怪

鹿児島県にあらわれた妖怪。夕暮れときに布のような物が空を飛んでいる。「一反木綿」は危険な妖怪で、人間に遭遇すると首に巻きついたり、顔を覆ったりして窒息死させるともいわれており、出会ったときはすぐにげたほうがよい。人間を巻きついたまま宙高く飛び上がるともいわれている。

鹿児島県の「一反木綿」が出る地域では、子どもが遅くなると遊んでいると「一反木綿が出るよ」といって帰宅を急がせた。また、ある男が一反木綿におそわれ、巻きついてしまったので、もっていた刃物で切りはらいきったところ、「一反木綿」はにげていった。その男の手には血のようなものがついていたという。

妖怪データ レア度 ★★★
別名	いったんもんめ
すがた	布のようなすがた
特徴	人間の首に巻きついたり、口をふさいだりして窒息させる
大きさ	長さ約10m、幅約30cm
地域	鹿児島県
場所	山

妖怪データ

別名
妖怪がほかにどんな名前でよばれるのか

レア度
妖怪のめずらしさを3つの★であらわしている。★の数が多いほどめずらしい

すがた
妖怪がどんな見た目をしているか

特徴
妖怪の能力や、人間に対してどんなことをするのか

大きさ
妖怪がどれくらいの大きさなのか

地域
妖怪が伝えられる地域

場所
妖怪の住む場所やあらわれる場所

妖しきものたち

人間ではない妖怪の中には、ふしぎな力を使うものがいる。人間を病気にさせたり、天候や自然をあやつり大きな災害をおこしたりすることもあるのだ。

山のように巨大な体の温厚な妖怪

1章

「だいだらぼっち」は山のように巨大な体で、穴をほって沼をつくったり、土を積み上げて山をつくったりする。おだやかな性格で、人間に悪いことはしない。

東京都世田谷区にある「代田」という地名は妖怪「だいだらぼっち」と関係がある。むかし、このあたりに「だいだらぼっち」が住んでおり、「だいだらぼっち」の足跡に水がたまってできた沼が江戸時代まであったといわれている。ほかにも埼玉県さいたま市の「太田窪」も「だいだらぼっち」の足跡だとされる。

妖怪博士の記録

だいだらぼっちの仲間？

ギリシア神話の伝説と日本の妖怪には似ている点が多くある。「だいだらぼっち」もギリシア神話の中に似ている伝説があり、「ダイダロス」という巨人は「だいだらぼっち」と名前が似ていることから、仲間の巨人ではないかといわれている。

妖怪データ　レア度 ★☆☆☆

別名	だいだらほうし	大きさ	測れないほど大きい
すがた	山のように巨大	地域	全国
特徴	力持ちで山や沼をつくる	場所	屋外

水の中に住んでいる、頭にお皿のある妖怪

「河童」は、日本各地に出る妖怪である。北海道には「ミンツチカムイ」、沖縄県には「キジムナー」（➡P22）がおり、「河童」の仲間ではないかといわれている。

頭のてっぺんにある皿に水を入れているが、こぼれたり、皿がわれたりすると力がなくなってしまう。口には短いくちばし、背中には亀のこうら、手足には水かきがあり、肌はヌメヌメでお尻の穴が3つというすがただ。

左右の手はの中でつながっており、どちらか一方を引くとぬけてしまう。死ぬ前には、とてもくさいオナラをする。人間が川で泳いでいると、お尻の穴から"しりこだま"という内臓を抜いて殺してしまう。

力が強く、すもうが大好きで人間にすもうをいどんでくる。すもうをする前におじぎをすると「河童」もつられておじぎをして、皿の水がこぼれて力がぬけるので、かんたんに勝つことができる。また、仏だんにそなえたごはんを食べてから戦えば「河童」に勝てるといわれている。

妖怪データ　レア度 ★☆☆

別名	河太郎、ガラッパ	大きさ	子どもと同じくらい
すがた	頭のてっぺんに皿、口には短いくちばし、背中には亀のこうら	地域	本州・四国・九州
特徴	お尻の穴から"しりこだま"という内臓を抜いて人を殺す	場所	川・池・沼

妖怪博士の記録

河童

河童は未確認生物かも？

01

「河童」は未確認生物であるという考え方もある。つまり伝説や想像上の怪物ではなく、**生物として存在する可能性**があるのだ。「河童」は現在でも目撃情報が多く、各地にミイラがのこされている。

また、「河童」らしき生物は、日本以外でもたくさん目撃されている。アメリカでは、巨大なカエルのすがたで二足歩行をする**「カエル男」**が警察官によって発見されている。ほかにもアメリカには**「ドーバーデーモン」**という川の怪物がいるとされる。宇宙人の一種といわれた**「グレイ」**という怪物も、実は「河童」ではないかといわれている。**「河童」の仲間は今も世界中で生きているようだ。**

画像提供：山口敏太郎タートルカンパニー

「怪物館」に保管されていた河童のミイラ。現在は写真でしかのこっていない。

02 河童は秋や冬にちがう妖怪になる？

「河神」は、春と夏に川をおさめているが、秋になると「山神」になるという伝説がある。

これは「河童」にもいえることであり、九州など一部の地域では冬になると「河童」は大勢で川を出て山に入る。そして、冬は「山童」（→P240）という妖怪になるといわれている。大分県では「セコ」、和歌山県では「ケシャンボ」という妖怪になるという。この山に行く「河童」たちの道の上に家を建てるとものすごいいきおいで家をゆさぶられるらしい。また、一部の「河童」は空を飛んで、山に入るともいわれている。

「河童」は水天宮という水の神様の家来だという考え方もあるが、春と夏は川、冬は山にいる「水神」だという説が強い。

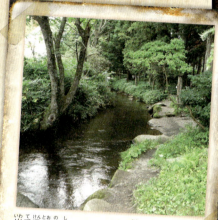

岩手県遠野市にある「カッパ淵」には、「河童」が神様としてまつられている。

03 河童はどこからやってきたのか？

「河童」の生まれには地域によっていろんな説がある。

「河童」は、西日本では中国からわたって来たとされており、「九千坊」という親分が九千匹の「河童」たちをまとめて、九州に住みついたといわれている。また、源平合戦にやぶれた平家の霊が「河童」となって、西日本各地に住みついたという説もあるようだ。

東日本では「河童」は人間が作ったという説がある。平安時代の陰陽師の安倍晴明がつかっていた「式神」（命令どおりに動くふしぎな存在）が妖怪化して「河童」になったという説もある。

ほかにも、人間が土木工事をわら人形に手伝わせたあと、その人形が「河童」になったともいわれているようだ。

19

井戸からあらわれる
骸骨の妖怪

　白い衣をまとった骸骨のすがたをした妖怪。井戸から現れ、骸骨の頭からは白髪が生えているという。すさまじい恨みを持って死んだ人が妖怪化したといわれており、「狂骨」という名前も、その恨みの激しさを由来とする説がある。実際に日本のある地域には、激しさを意味する方言「きょうこつ」があるが、これが狂骨と関係があるかはよくわかっていない。

　近年では、井戸に捨てられた骸骨が強い怨念により死霊化した、または井戸に落ちて死んだ人間が化けた、井戸からあらわれることによって自分の捨てられた場所を知らせるなど、様々な噂がある。

妖怪データ レア度 ★☆☆

別名	キジムン、ブナガヤ	大きさ	人間と同じくらい。
すがた	赤い体、赤い髪の毛		小さいものもいる
特徴	火を自由にあやつり、漁もうまい	地域	沖縄県・ガジュマルの木

1章

キジムナー

火を自由にあやつる沖縄の精霊

「キジムナー」は、沖縄県の代表的な妖怪である。赤い体、赤い髪の毛をしており、わずかなすきまでも家に入りこんでくる。その住みかは、ガジュマルの古い木であり、「キジムナー」が住んでいる木を切ると、家畜を殺されたり、その人がもっている船を海に沈められたりする。

現在でも見たという人が多く、沖縄県名護市にあるガジュマルの木"ひんぷんガジュマル"は、「キジムナー」が今でも住んでいるといわれている。

地域によっては、真っ黒いすがたをしていたり、木の枝のような手足をしていたりする。ホウキに似たすがたのものもいる。

また、「キジムナー」は、火を自由にあやつるといわれていて、毎年旧暦の8月10日には「キジムナー火」が出るといわれた。家の屋根から「キジムナー火」があらわれると、その家のだれかが死んでしまう。

妖怪らしく、おそろしいところもあるが、仲よくなると漁を手伝ってくれる楽しい妖怪である。

妖怪博士の記録

キジムナー

今でも身近な妖怪キジムナー

「キムジナー」は沖縄県でもっともよく知られている妖怪だ。人間と仲よしの妖怪なので、地元の人からの人気も高い。

また、「キジムナー」の足跡を見るという遊びが伝わっている。静かでくらい場所に円をかき、白い粉をまいてから円の中心に線香を立て、呪文をとなえてからかくれて20数えると、粉の上にキジムナーの足跡がついているというのだ。

庭に大きな木がある家の人は金縛りになりやすいという話もある。これは「キジムナー」がおりてきて、人間を動けなくさせているのだという。

現在でも人間の身近にいるというキジムナー。運がよければ、あなたも会うことができるかもしれない。

沖縄県のガジュマルの木。この木に「キジムナー」が住んでいる。

キジムナーは魚とりの名人 02

　「キジムナー」は、漁が大好きで、人間が「キジムナー」と仲よくなると、漁についてきて、魚がたくさんとれる場所を教えてくれる。そのお礼として魚の目玉をあげなければならない。

　「キジムナー」は目玉さえもらえれば、まんぞくする。とくに魚の左目と、グルクンという沖縄県でよくとれる魚の頭も好物だそうだ。

　だが、「キジムナー」と一度、漁に行ってしまうと、たとえ嵐の日でも、体調が悪い日でも毎日漁にいかないといけない。もし一緒に漁に行くのをことわると、それからはまったく魚がとれなくなるので、気をつけなければならない。

　「キジムナー」にも苦手なものがあって、タコやニワトリ、人間のオナラはとてもこわがるという。

グルクンという沖縄県の魚。キジムナーの好物であるグルクン。とくに頭が好きだという。

河童とキジムナーのふしぎな関係 03

　「キジムナー」は「河童」（→P16）と似ているところが多い。

　「キジムナー」は、「キジムナー火」という火をあやつるといわれているが、「河童」も電気でできている「火の玉」をあやつるという話がある。

　さらに「キジムナー」は、水辺に多くあらわれる。これも「河童」と同じであり、ある地域では、「河童」は冬になると川から山に入って「山童」（→P240）という妖怪になる。

　「河童」の体は赤いという説もあり、赤い体でガジュマルの木に住んでいる「キジムナー」と似ている。

　奄美大島に伝わる「ケンムン」（→P234）という妖怪も漁が好きだったり、タコとオナラがきらいだったり、なにかと似ている部分が多いので仲間なのかもしれない。

妖怪データ レア度 ★☆☆

別名	いったんもんめ	大きさ	長さ約10m、幅約30cm
すがた	布のようなすがた	地域	鹿児島県	場所	山
特徴	人間の首に巻きついたり、口をふさいだりして窒息させる				

1章

一反木綿（いったんもめん）

妖怪博士の記録

佐渡島に出た妖怪「ふすま」

「一反木綿」と似た妖怪に「ふすま」が
いる。これは佐渡島の妖怪で、夜歩いて
いると風呂敷のようなものが飛んできて
頭にかぶさってくる。刃物では切りさけ
ないが、一度でもお歯黒をしたことがあ
る歯でかむと、やぶれるといわれている。

人間の首をしめて殺す布の妖怪

鹿児島県にあらわれた妖怪。夕暮
れどきに布のような物が空を飛んで
いる。「一反木綿」は危険な妖怪で、
人間に遭遇すると首に巻きついた
り、顔を覆ったりして窒息死させる
ともいわれており、出会ったときは
すぐにげたほうがよい。人間を巻き
つけたまま空高く飛び上がるともい
われている。

鹿児島県の「一反木綿」が出る地
域では、子どもが遅くなるまで遊ん
でいると「一反木綿が出るよ」といっ
て帰宅を急がせた。また、ある男
が「一反木綿」におそわれ、巻きつ
かれてしまったので、もっていた刃
物で切りさいたところ、「一反木綿」
はにげていった。その男の手には血
のようなものがついていたという。

27

1章

雨降小僧
あめふりこぞう

雨の日にあちこち歩きまわる小僧

「雨降小僧」は、人間の子どものようなすがたで、傘をさしたり、編み笠をかぶったりしている。顔はふつうの男の子の顔とも、「目一つ坊」（➡P204）のように目がひとつだけともいわれる。とくに何もしないが、雨の日にあちこち歩きまわる。

雨からのがれるために「雨降小僧」の編み笠をうばって、人間がかぶると、頭から取れなくなったという話もある。

また、とつぜん通り雨を降らせて、人びとがあわてるようすを見てよろこぶこともある。

妖怪博士の記録

自由に雨を降らせる妖怪

岩手県上閉伊郡の仙人峠では、化けキツネが「狐の嫁入り」（雨の中キツネの行列が山を歩きまわること）をするので「雨を降らせてほしい」と「雨降小僧」にたのんだ。「雨降小僧」が手にした提灯をふるとたちまち天から雨が降りだし、無事に雨の中「狐の嫁入り」が続いていったという話がのこされている。

妖怪データ　レア度 ★☆☆

別名	なし	大きさ	子どもと同じくらい
すがた	人間の子どものすがたで、傘をさしている	地域	全国
特徴	雨を降らす	場所	道

赤い顔と長い鼻が有名な妖怪

天狗

　日本の代表的な妖怪「天狗」は山の神様でもある。山伏（山の中で修業する人）の服で一本下駄をはき、長い鼻、赤い顔をしており、せなかにはつばさがあって、自由に空を飛べる。ものすごい風をおこせる"天狗のうちわ"や、着れば自分のすがたをとうめいにできる"天狗のみの"をもっている。

　「天狗」は、よくいたずらをする。石や岩を人間に投げつける「天狗つぶて」、山の中でいっせいに大声で笑う「天狗笑い」、夜中に木を切る音をひびかせる「空木たおし」などが有名である。「天狗つぶて」は、気を落ちつかせてすわっていれば当たらない。

　さらに「天狗」は武芸の達人であり、その技を学べば戦いに負けることはないといわれている。

1章

妖怪データ レア度 ★★☆☆

別名	外法様、グヒン様	大きさ	人間と同じくらい、人間より大きいこともある
すがた	山伏の服装で長い鼻、赤い顔をしており、せなかにつばさがある
特徴	すがたをとうめいにして、風をおこす	地域 全国	場所 山

31

妖怪博士の記録

天狗

むかしの天狗は鼻が長くなかった？ 01

古い記録にある「天狗」は少しすがたがちがう。637年、都の上空を大きな星が雷のような大きな音をたてて飛んでいった。そこには、中国から帰ってきたお坊さんがいた。彼は、「あれは流れ星ではない。天狗である。天狗のほえる声は雷に似ている」というのだ。つまり、**古代の「天狗」は、大きな音をたてて飛ぶ流れ星のようなすがた**だったのだ。

『平家物語』によると、源平合戦のころの「天狗」は「人にて人にあらず、鳥にて鳥にあらず、犬にて犬にあらず、足手は人であり、かしらは犬である、せなかの左右に羽がはえ、飛び歩くもの」とあり、これも現在伝えられている「天狗」とは少しちがう。

国立国会図書館所蔵『画図百鬼夜行』より

江戸時代の「天狗」。長い鼻はなく、鳥のようなすがたをしている。

02 天狗の中にも種類がある

「天狗」の種類にもいろいろある。数でいえば人間の男から「天狗」になった「大天狗」が多いのだが、女が「天狗」になった「尼天狗」もいる。さらにカラスが「天狗」になった「カラス天狗」や、川に住んでいて火の玉をあやつることができる「川天狗」、大きな鳥のすがたをした「木の葉天狗」、オオカミのようなすがたの「狗賓」などさまざまな種類が存在する。

讃岐（今の香川県）に流され、ぜつぼうしたまま死んだ、後白河天皇は、「白峰魔王」という「天狗」になり、多くの「天狗」を家来にして、日本中をおそった。

「天狗」は仏教を勉強しているお坊さんをだらしなくさせてしまうといわれているが、山の神様としてまつられている「天狗」もいる。

明治時代にえがかれた「カラス天狗」。
国際日本文化研究センター所蔵
『鞍馬山僧正蹊牛孺磨撃刀練磨之圖』より

03 中国の天狗、是害坊がやってきた！

「天狗」はもともと中国の妖怪であり、中国に多くの仲間がいるといわれている。

平安時代には中国の「天狗」による日本の寺へのこうげきがあった。この悪さを行ったのが、中国の「天狗」のボス「是害坊」である。毎日まじめに修行していたお坊さんをだらしなくさせるため、「是害坊」は戦いをいどむ。しかし、日本のお坊さんに何度も返りうちにされ、中国ににげ帰ってしまった。

「是害坊」の話は、日本の伝統的な演劇である「能楽」のお話「善界」にも出てくる。中国から日本にやってきて、日本の「天狗」にいろいろと相談をして、お坊さんたちにこうげきをしかけるのだが、神様や仏様によってこてんぱんにやられてしまうというものだ。

33

妖怪データ ★★☆

別名	お歯黒べったり	大きさ	1.5m～1.7m
すがた	目も鼻もない口だけの女のすがた、「ゲタゲタ」と笑う	地域	全国
特徴	とつぜん出てきて、人間をおどろかす	場所	墓場・神社

1章

歯黒べったり
（はぐろべったり）

お歯黒をべったりとつけた顔のない女

深夜、墓場の近くを歩いていると、女の声が聞こえる。ふしぎに思って、見てみると振袖を着た女が泣いている。女がふり返ると、目も鼻もない顔で、真っ黒なお歯黒をべったりとつけた歯を見せて、「ゲタゲタ」と笑うのである。この妖怪は、「歯黒べったり」とよばれる。

「歯黒べったり」の正体はわかっていない。ある説によるとキツネやタヌキが人間をおどろかすために化けたものであり、べつの説によると、結婚の前に死んだ女の霊が妖怪となったとされている。

妖怪博士の記録

お歯黒の秘密？

お歯黒は、江戸時代に結婚している女が行った化粧の一種であり、歯を真っ黒に染めるというものである。この習慣は魔よけの意味もあった。実際に、新潟県佐渡島では「一反木綿」（➡P26）に似た妖怪「ふすま」におそわれたときは、お歯黒をつけたことがある歯でかめば、その災難からにげられるという。

35

木の上からおちてくる人食い妖怪

「釣瓶下ろし」は夕暮れどきに出てくる。カヤの木や松の木の上からとつぜん、釣瓶や鍋がおちてきたら、それは「釣瓶下ろし」のしわざである。とつぜんおちてきて、通りがかった人間をおどろかしたり、おそいかかって食べたり、「夜業すんだか、釣瓶下ろそか、ぎいぎい」と人間によびかけたりすることもある。

そのすがたはいくつか種類がある。大きな首がおりてくるとも、精霊が火の玉となっておりてくるとも、真っ赤に焼けた鍋がおりてくるともいわれている。

妖怪博士の記録

宝物でゆうわく

「釣瓶下ろし」がおとす釣瓶や鍋の中には宝物やお金が入っていることもある。だが、うっかり手を出すとそのままつり上げられ、木の上に住んでいる「釣瓶下ろし」に食べられてしまう。

山男
やまおとこ

1章

人間に親切なたくましい山の男

「山男」は毛深く、たくましいすがたをしている。人間の言葉の意味も理解し、人間の言葉を話せるものもいる。

お酒や塩、食べ物をあげると、荷物運びを手伝ってくれることもある。神奈川県小田原では市場に、「山男」が魚をもってきたという。

その後をつけた者の話によると飛ぶように山の中を歩き、最後は見失ったという。

おとなしい性格であるが、人間をおそったり、見ただけで病気になるともいわれている。同じ山の妖怪に「山姥」（→P166）、「山女」、「山じじい」などがいる。

妖怪博士の記録

世界各地の山男！

ヒマラヤ山脈にいる「雪男」やアメリカのロッキー山脈にあらわれる「ビッグフット」は「山男」とすがたが似ている。人間より大きく、全身毛だらけのすがたで強い力、山の中を飛ぶように歩くようすなど、まさに同じ怪物のように思える。

妖怪データ　レア度 ★★☆

別名	なし	大きさ	数m
すがた	たくましい体で毛深い	地域	全国
特徴	力持ちで仕事を手伝ってくれる	場所	山

39

妖怪データ　レア度 ★★☆

別名	なし	大きさ	不明
すがた	年老いたムササビのようなすがた	地域	東京都
特徴	空を飛び人間をおそう	場所	お寺

てんまる

お寺の木の中に住む空を飛ぶ妖怪

東京都青梅市に伝わる妖怪である。お寺の木の中に住んでおり、空を自由に飛びまわることができる。一説には、ムササビが年老いた結果生まれた妖怪だといわれている。またある古い寺の天井裏には、「てんまる」が隠れ住んでいたといわれている。

大きな個体になると、人間におそいかかり、茂みの中にさらってしまうといわれている。なお、同じ名前の妖怪が北関東に伝承されているが、それとは違う妖怪だと思われる。

妖怪データ	レア度 ★★★		
別名	なし	大きさ	数十cm
すがた	人間に似た小さなすがた	地域	北海道
特徴	人間と品物をこうかんする。呪いをかける	場所	フキの下

1章 コロボックル

フキの葉の下にいる小さな人たち

「コロボックル」はアイヌの伝説に出てくる小人であり、アイヌの言葉では「フキの葉の下の人」という意味である。雨がふるとフキの下で雨宿りをする「コロボックル」のすがたが見られた。

北海道十勝地方の伝説によると、「コロボックル」はアイヌと品物をこうかんするなど仲よくしていたが、彼らはとてもひかえめでけっして人間の前にすがたを見せなかったという。ある男がこうかんにきた「コロボックル」の手をつかんであかりのもとにひっぱり出したところ、美しい女であった。これに怒った「コロボックル」は、呪いのじゅもん「トカップチ（水は枯れろ、魚は腐れの意）」ととなえてさっていった。このじゅもんが「十勝」という地名のもととなった。

妖怪博士の記録

日本人は小さな神様が大好き!?

日本人は古くから小さな神様が大好きであった。日本神話に登場し、「オオクニノミコト」とともに出雲の国をつくった「スクナヒコノミコト」はその代表的な神様。鬼をたいじした「一寸法師」やアイヌ神話の「コロボックル」なども小さな神様といってもよいだろう。

ふと気づくと船の先に
ひっそり座っている

魔除け小僧
まよけこぞう

千葉県に伝わる妖怪である。千葉県に手賀沼という沼がある。この沼の渡し船には、ときどき船の先端に「魔除け小僧」という妖怪が出た。全裸でただうなだれて、座っているという。

「魔除け小僧」と関連があると思われるのが、大昔、日本から中国へ船で使節団をおくる際、危険な航海を成功させるために船に乗せられた持衰という存在である。

持衰とは海が荒れた時に生贄になったり、逆に航海がうまくいったときには宝が与えられたりしたという。この生贄として犠牲になった持衰が妖怪化したものが「魔除け小僧」になったものと思われる。

子泣き爺
こなきじじい

おじいさんのような顔をした赤ちゃん

「子泣き爺」は、徳島県三好郡山城町上名平にあらわれる妖怪だが、情報はあまりのこされていない。

山の中にあらわれ、赤ちゃんのように泣くという。かわいそうに思った人間が、「子泣き爺」をだきあげると、赤ちゃんではなくおじいさんのような顔で、ものすごく重くなってしがみついてはなれなくなる。だっこしてくれた人間の命をうばってしまうこともある。「子泣き爺」があらわれると、翌日地震がおこるともいわれている。

「子泣き爺」のあらわれる山のふもとに住む子どもたちは、ときどき山から聞こえてくる赤ちゃんの泣き声をとてもこわがったという。

妖怪データ	レア度 ★☆☆		
別名	なし	大きさ	子どもから大人くらい
すがた	おじいさんのような顔で、赤ちゃんのように泣く	地域	徳島県
特徴	だっこするとものすごく重たくなり、はなれなくなる	場所	山

1章

妖怪博士の記録
子泣き爺

四国の山をさまよう子泣き爺の仲間

「子泣き爺」に似た妖怪が四国の山に出る。「ごぎゃ泣き」はその代表的な例である。

高知県の「ごぎゃ泣き」は、夜道を歩いている人にまとわりつく色白の赤ちゃんだ。徳島県では一本足のすがたで泣きながらぴょんぴょんはねる。この妖怪が泣くと、翌日地震がおこるのは「子泣き爺」と同じである。

また、徳島市内の道ばたに出る「おっぱしょ石」は、歩いている人間に子どもの声でおんぶをせがむ奇妙な石だ。人間がおんぶしてやると、とつぜん重たくなるという。

青森県には、「子泣き婆」という妖怪もいる。赤ちゃんのように泣くが、顔がおばあさんだという。

また、2006年にある男が「子泣き爺」に出会ったという。その翌日に伝説どおり、地震がおこったそうだ。今も四国の山には「子泣き爺」の仲間がいるのかもしれない。

徳島県にある「おっぱしょ石」とされる石。現在は2つにわれたところをくっつけてある。

声でまどわす妖怪

声で人間をまどわせたり、さそったり、こわがらせたりする妖怪がいる。
不気味な声がきこえたら気をつけよう。

鵺 → P168

「ヒョーヒョー」とさびしそうになく。鳴き声で病気にすることもある。

子泣き爺 → P46

人間をおびきよせるために、赤ちゃんのように泣く。

倩兮女 → P136

「ケラケラ」と笑う声は、ねらった人間だけにしかきこえない。

ひょうすべ → P138

「ヒョウヒョウ」と鳴く。つられて笑うと死んでしまうこともある。

妖怪データ レア度 ★★★

別名	がきつき、ゆきあい神	大きさ	1.2m～1.6m
すがた	やせた人間のすがたで、お腹だけ出ている	地域	西日本
特徴	人間にとりつき、お腹をすかせて人間を苦しめる	場所	山・峠

1章

ヒダル神

ヒダル神がとりつくとお腹がペコペコ！

「ヒダル神」は、やせた人間のすがたで、お腹だけ出ている。山道などを歩いている人間にとりついてお腹をペコペコにするという。ときにはお腹がへりすぎて、死んでしまうこともあり、危険な妖怪だ。ちなみに、「ひだる」とは古い言葉で"お腹がすく"という意味である。

「ヒダル神」は死んだ旅人の霊や餓え死にした人の霊が化けたものだといわれている。

「ヒダル神」にとりつかれたときは、食べ物を食べると回復するという。そのため山道を歩くときには、お弁当などをもっていき、全て食べずに少しのこしておくと安心だ。

妖怪博士の記録

もっとも危ないヒダル神

滋賀県甲賀市から伊賀市にかけての峠に「ヒダル神」が出て、旅人に話しかけるといわれている。「ヒダル神」は「お茶づけを食べたか」ときいてくる。それに対し「食べた」と答えると、「ヒダル神」はお腹をさいて、胃の中のお茶づけを食べてしまう。妖怪の問いには答えてはいけない。

しょうけら

人間の罪を見はる妖怪

　「しょうけら」はけもののような
すがたで人間の体内に住む。むかし
の日本人は、人間の体の中に三尸と
いう虫が住んでいると考えていた。
この虫が「しょうけら」の正体だ。
三尸は、庚申（60日に一度訪れる、
干支の庚と申がかさなる日）の夜に
天へ昇り、人間の罪を天帝に報告す
る。そのため庚申の夜は、三尸が体
から出ないように眠ってはいけない
とされていた。

　窓からお風呂をのぞくエッチな妖
怪ともいわれている。窓に向かって
「見ていてもわかっているぞ」とい
うと「しょうけら」はにげていく。

妖怪データ　レア度 ★★☆

別名	なし	大きさ	犬くらいから人間くらい
すがた	けもののような体	地域	全国
特徴	人間の罪を監視する・お風呂をのぞく	場所	風呂場・人体

妖怪博士の記録

のぞく妖怪

「しょうけら」のほかにもお風呂をのぞく「湯坊主」という妖怪がいる。また、便所をのぞく「がんばり入道」という妖怪もいる。この妖怪には「がんばり入道ほととぎす」とじゅもんをとなえるときえるといわれている。

なげだし

だらしないすがたで道に突然あらわれる

徳島県のある地域に伝わる妖怪である。道端でだらしなく足を放り出して寝ており、交通の妨害という悪さをする。ゴロゴロしており、跨ぐにもなかなか跨げない。そのすがたは男だったり、女だったりするが、時に僧侶であったりと、さまざまな目撃情報がある。

地元の化け狸が化けたものという説もあるが、その正体は謎につつまれている。似た妖怪に隣県香川に白いタヌキの妖怪「足まがり」もいる。

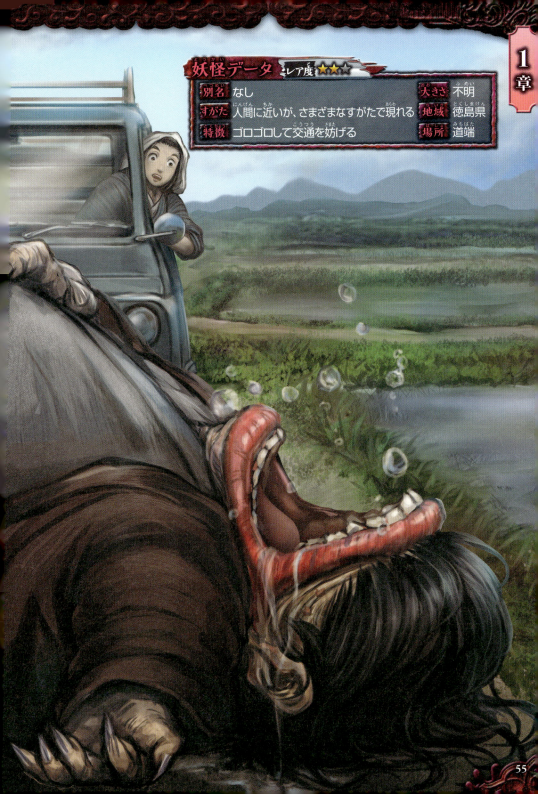

網切り
あみきり

蚊帳や網を両手のハサミで切りさく

深夜、何者かによって蚊帳（蚊が入ってこないようにする網）や網が切りさかれていることがある。これは妖怪「網切り」によって、切られてしまったのだ。「網切り」のすがたは、エビのような体で、両手はカニやサソリのようなハサミになっている。妖怪「髪切り」（➡P155）と関係があるともいわれている。

妖怪データ　レア度 ★★★

別名	なし	大きさ	1.5m～2m
すがた	エビのような体で、両手はカニやサソリのようなハサミになっている	地域	全国
特徴	手にあるはさみでいろんなものを切る	場所	家

豆腐小僧
とうふこぞう

1章

全身にカビがはえる豆腐を食べさせてくる

　大きな竹の笠を頭にかぶり、夜中に道を歩きまわる。手にはお盆にのせた豆腐をもち、豆腐にはもみじの模様がえがかれている。この妖怪は、歩きまわりながら豆腐を人間にすすめてくるという。すすめられた豆腐を食べると、全身にカビがはえてしまい苦しむことになる。

　父親は妖怪の総大将「見越入道」（→P192）であり、母親は「ろくろ首」（→P150）であるといわれている。

妖怪データ　レア度 ★★☆

別名	なし	大きさ	子どもと同じくらい
すがた	竹の笠を頭にかぶり、お盆にのせた豆腐をもつ	地域	全国
特徴	豆腐を食べさせ人間の体にカビをはやす	場所	道

妖怪データ レア度 ★☆☆

別名	なし	大きさ	1mから数十m
すがた	上半身が人間の女、下半身は魚のすがた	地域	世界中
特徴	海をあらす	場所	海

人魚

世界中にあらわれる半人半魚の妖怪

「人魚」のすがたにはいくつか種類がある。多くは上半身が人間の女のすがたで、下半身は魚のすがたをしている。まれに上半身が魚のすがたで、下半身が人間のすがたのものもいる。さらに、魚のからだに人間の手足がはえており、人間の頭がついているものもいる。

また、日本にはあまりないのだが、西洋の「人魚」の場合は、2つの尾びれをもち、歌がうまい。西洋も東洋もおなじく「人魚」といえば、美女と考えられているが、中には男の「人魚」もいる。

日本では「人魚」をつかまえると海があれるという説や、「人魚」の肉を食べると永遠の命をもらえるという説もある。

日本における一番古い「人魚」の記録は、619年に大阪府で漁師の網に「人魚」がかかり、とらえられたというものである。

妖怪博士の記録

人魚

聖徳太子、人魚に会う！

聖徳太子が滋賀県で「人魚」に出会った。その「人魚」は「人間として生きていたころに漁師として魚をとりすぎた罪で人魚に生まれ変わった」という。この話を聞いた聖徳太子は、「人魚」を供養するためにお寺をつくった。

この寺は観音正寺という寺で、今も滋賀県にのこっている。1993年までその「人魚」のミイラがのこっていたが、火事により焼けてなくなってしまった。

聖徳太子はこのように妖怪たちにもやさしくしていた。また、悪い妖怪に仏教を教えてまじめな性格に変えてしまうこともあったという。

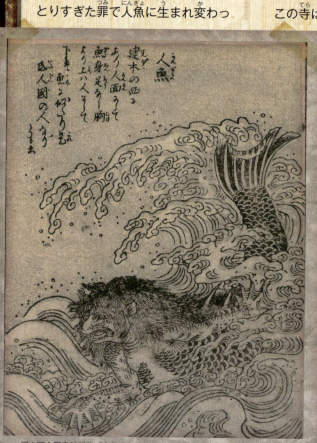

江戸時代にえがかれた「人魚」。美女とはほどとおいすがただ。

国立国会図書館所蔵『今昔百鬼拾遺』より

人魚を食べると不老不死になる　02

「人魚」はお金目当てでつかまえられたといわれており、**全国に数十体のミイラがのこされている**。また、ある話によると「人魚」の指1本が千両（約1億円）の価値があったともいわれている。

価値が高い理由として、**「人魚」の肉を食べると永遠の命をもらえる**という伝説がある。そのためだろうか、現在、各地のお寺や古い家にのこされている「人魚」のミイラには、ウロコなどをちぎって食べたあとがあるという。

伝説によると、じっさいに食べた人もおり、その人は800歳まで生きたといわれている。「人魚」の肉を食べたことで有名な人として、「八尾比丘尼」という女のお坊さんがいる。「八尾比丘尼」は若さをたもったまま何百年も生きたという。

「怪物館」に保管されていた「人魚」のミイラ。
画像提供：山口敏太郎タートルカンパニー

深海カメラにうつった人魚!?　03

最近、アメリカの国立海洋局がふしぎなコメントを出した。「人魚は伝説上の生き物である」というものだ。「この時期にいまさら、なんだろう」と世界中があやしんだが、**ここ数年ふえている「人魚」の目撃事件**の影響かもしれない。

2013年「人魚」の動画がインターネット上にアップされた。これはグリーンランド沖900mの深海で、海洋学者が撮影したという映像だが、この映像に窓ガラスをたたく「人魚」のすがたがうつりこんでいたのだ。

また、イスラエルのキリヤットヤムという場所では、「人魚」が何度も目撃されていて、地元では、「人魚」に賞金をかけるようになった。つかまえる必要はなく、写真をとるだけでもいいそうだ。

暗闇目
くらやみめ

ありえないところから見つめてくる不気味な瞳

　峠道に出る妖怪である。特定の地域や集落には出ない。旅人が峠道を歩いていると、1人の目の不自由な人物が後から追いぬいていった。その人物はまるで目が見えるようにスタスタと軽快に歩いて行く。がんばってその人物に追いついたところ、その人物はわらじを結び直していた。「おや。こんなところにも春の気配が来ておるの」と道端の花を見つけてつぶやいた。旅人はますます驚いて、「すごい。あなたはまるで目が見えるようだ」とつぶやいた。

　次の瞬間、旅人は腰を抜かさんばかりに驚嘆した。左右のくるぶしに大きな瞳があったからだ。

妖怪データ　レア度 ★★★

別名	なし
すがた	人間のようなすがた
特徴	くるぶしに大きな瞳がある
大きさ	人間と同じくらい
地域	全国
場所	峠道

頰なで（ほおなで）

青白い手でほおをなでる妖怪

　うすぐらい小道を歩いていると、とつぜん青白い手があらわれ、人間のほおをなでるといわれている。これが「頰なで」である。おどろかすだけでとくに悪いことはしない。
　山梨県道志村大羽根にあらわれる妖怪だが、東京都高尾山の夜道にもあらわれたといわれている。長野県北安曇郡池田町には、名前が少しちがう「顔なで」という妖怪が出たが、同じ妖怪だと思われる。
　ある本によると、道ばたにはえているススキなどの植物がふれることを、「頰なで」のしわざとしてこわがったとされている。このように人間のほおにふれ、恐怖の念を吸った植物は妖怪化してしまうのかもしれない。

1章

妖怪博士の記録

八王子に出た「頬なで」

ある人物が東京都八王子の心霊スポットに出かけた。来たものの何もないので、そのまま帰ろうとしたところ、後ろから声をかけられた気がした。ふしぎに思いふり返ると、いきなりべろんとほおをなめられたという。これも、「頬なで」に近い妖怪であろう。

妖怪データ　レア度 ★★☆

別名	顔なで	大きさ	人間の手と同じ
すがた	青白い手	地域	東京都・山梨県・長野県
特徴	いきなりほおをなでる	場所	谷・山・道

百鬼夜行とは

夜中に歩きまわる妖怪たち

「百鬼夜行」とは、たくさんの妖怪たちが夜中に町中を歩きまわることである。

むかしは毎月、「百鬼夜行日」という日が決められていて、この日の夜は妖怪たちが「百鬼夜行」をするので、夜中に外を歩くと、「百鬼夜行」をしている妖怪たちにおそわれてしまうとされていた。

「百鬼夜行」に参加する妖怪には、さまざまな種類がいる。鬼や、動物が妖怪になったものなどが列をつくって歩きまわる。

また、長い間人間に使われた道具が妖怪になった「つくも神」たちが、自分たちの神様である「変化大明神」をかかげて、京都府を西から東へと歩きまわったという伝説がある。その歩いたコースは、現在「百鬼夜行商店街」とよばれている。

「百鬼夜行」のようすがえがかれている絵巻の一部。
国立国会図書館所蔵「百鬼夜行絵巻」より

百鬼夜行絵巻

妖怪のすがたが今も伝わっているのは、むかしの人が妖怪の絵をえがいてくれたからだ。

「百鬼夜行」のようすもえがかれており、それを『百鬼夜行絵巻』とよぶ。『百鬼夜行絵巻』には、いくつか種類がある。ものによってえがかれている妖怪の種類が違っているので、「百鬼夜行」をする妖怪はさまざまだったようだ。

『百鬼夜行絵巻』の多くは、最後に朝日がえがかれている。これは、夜中に歩きまわった妖怪たちが夜の終わりとともにきえていくという意味がこめられている。

お経で助かる

「百鬼夜行」はたくさんの妖怪が集まっているので、おそわれたらひとたまりもない。「百鬼夜行」から身をまもるには、『尊勝仏頂陀羅尼』というお経を読むとよい。「カタシハヤ、エカセニクリニ、タメルサケ、テエヒ、アシエヒ、ワレシコニケリ」ととなえるのだ。

むかし、ある男が夜中に道を歩いていると「百鬼夜行」に出会ってしまった。身の危険を感じた男は、『尊勝仏頂陀羅尼』を読んで助かった。

また、このお経を書いたものや、ぬいこんだものを身につけていても助かるという。

妖怪と幽霊の違い

　「妖怪」と「幽霊」の違いについては、かなりむかしから考えられてきたむずかしい問題である。
　かつての民俗学（むかしの生活習慣や道具・伝説・しきたりなどを研究する学問のこと）では、「妖怪」は決まった場所に住んでおり、そこに行くとあらわれるとされていた。つまり「妖怪」は場所に限定されるものであると考えられていた。
　それに対して「幽霊」というものはどこにでもあらわれて、決まった人間をおそうとされ、「幽霊」は「妖怪」と違って場所にしばられることはないとされていた。
　だが、昭和以降になると、場所にしばられ、その場所に来た人間をねらい、うらみがない人間の前にも「幽霊」があらわれるようになったのだ。「地縛霊」とよばれているものが、場所にしばられる「幽霊」のことである。つまり、場所にしばられる、しばられないということで「妖怪」と「幽霊」の違いを決めることができなくなったのだ。
　「妖怪」と「幽霊」を完全に区別することはむずかしいが、「幽霊」とは人間として生きていたころの名前やすがたがわかっており、個人的なうらみであらわれるもの、「妖怪」とは動物の霊や自然の精霊、物の霊、人間の霊が何らかの形で変化した怪物であり、人間のくらしの中にあらわれるものだと考えられるのではないだろうか。

お墓にあらわれる「幽霊」のすがた。
国立国会図書館所蔵『怪物画本』より

2章

闇に
ひそむ手

凶暴な性格の妖怪には注意しなければいけない。出会っただけでおそってくることが多い。もっともおそろしいやつは、殺したり、人間を食べてしまったりする。

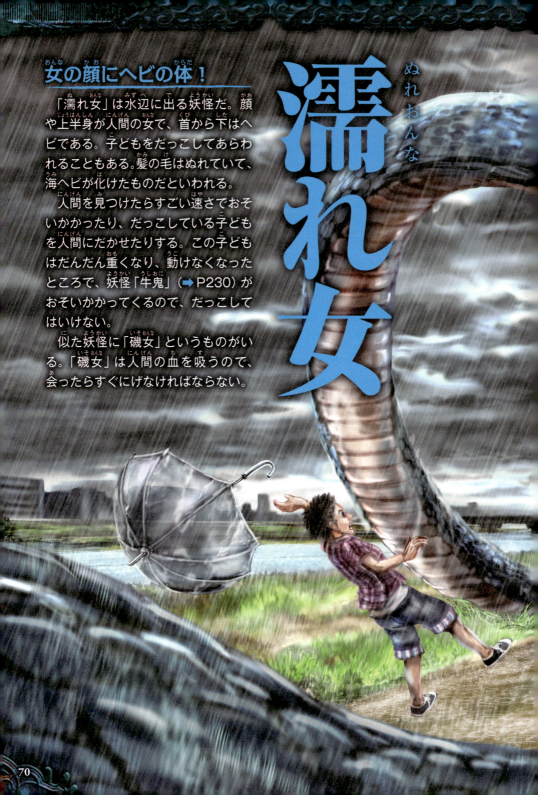

濡れ女

女の顔にヘビの体！

「濡れ女」は水辺に出る妖怪だ。顔や上半身が人間の女で、首から下はヘビである。子どもをだっこしてあらわれることもある。髪の毛はぬれていて、海ヘビが化けたものだといわれる。

人間を見つけたらすごい速さでおそいかかったり、だっこしている子どもを人間にだかせたりする。この子どもはだんだん重くなり、動けなくなったところで、妖怪「牛鬼」（→P230）がおそいかかってくるので、だっこしてはいけない。

似た妖怪に「磯女」というものがいる。「磯女」は人間の血を吸うので、会ったらすぐにげなければならない。

2章

妖怪博士の記録
濡れ女に子どもをわたされたら

「濡れ女」のわたす子どもをだっこしてしまうと、子どもから手がはなれなくなり、ものすごく重くなる。「濡れ女」から子どもを受けとるときには、手ぶくろをつけてだっこし、手ぶくろごとすててにげるとよい。

妖怪データ　レア度 ★☆☆

別名	濡れおなご	大きさ	数mから数十m
すがた	体がヘビで、顔が人間	地域	全国
特徴	ものすごい速さで追いかけてくる	場所	海・川

ヤマタノオロチ

8つの頭の大蛇

　日本の妖怪で最強ともいわれているのが「ヤマタノオロチ」で、神様に近い存在である。8つに首としっぽが分かれている巨大なヘビのすがたをしている。

　アマテラスノミコト（太陽の神様）の怒りをかって、高天原を追い出されたスサノオノミコト（アマテラスノミコトの弟で神様）が出雲国におりてきた。

　そこで泣いている年老いた夫婦と美しい娘に出会う。年に一度、「ヤマタノオロチ」という8つの頭と8本のしっぽをもった大蛇が、いけにえをもとめるという。夫婦の娘は8人いたが、毎年食べられ、末の娘しかいなくなってしまった。

　この話を聞いたスサノオノミコトは、「ヤマタノオロチ」たいじに立ち上がった。強い酒で「ヤマタノオロチ」をよわせてから、剣をつかって8つの首を全て切りおとしたという。

妖怪データ　レア度 ★★★

別名	八岐大蛇、八俣遠呂智	大きさ	測れないほど大きい
すがた	8つに首としっぽが分かれている巨大なヘビ	地域	山陰地方
特徴	人間を食べる	場所	屋外

妖怪博士の記録

ヤマタノオロチ

ヤマタノオロチのしっぽからあらわれた剣　01

スサノオノミコトが「ヤマタノオロチ」のしっぽを切ると、剣の刃がこぼれてしまった。しっぽの中を確認すると、1本の剣が出てきた。スサノオノミコトは、この剣を姉のアマテラスノミコトにわたした。それが三種の神器（天皇が代だいうけついだとされる3つの宝）のひとつ「**クサナギノツルギ**」である。

「クサナギノツルギ」は、ヤマトタケルにうけつがれ、**日本各地での妖怪たいじ**に活躍した。とくに、炎にかこまれたとき、これを切りはらうのにたいへん役立ったという。

島根県の八重垣神社「ヤマタノオロチ」をたいじするとき、この神社にいけにえの娘をかくしたという。

9つの頭をもつ九頭龍の伝説　02

　長野県長野市にある戸隠神社の中には九頭龍社という社があり、そこには九頭龍大神という神様がまつられている。

　九頭龍大神は戸隠神社より古い地元の神様であり、今では水の神、雨乞いの神、虫歯の神、縁むすびの神として信仰されているのだ。

　この九頭龍大神はお坊さんに封印された怪物であるとされており、そのすがたは9つの頭と龍のしっぽをもつ鬼のすがたをしていたという。

　戸隠神社では鬼のすがたをしていた「九頭龍」だが、日本各地で伝説になっている「九頭龍」は名前の通り9つの頭をもった「龍」として

あつかわれることが多い。人の病気をなおしたり、洪水をふせいだりなど、人間を助けてくれるような伝説が多くのこされているようだ。

9つの頭をもつ「九頭龍」。「ヤマタノオロチ」とは別の妖怪だ。
国際日本文化研究センター所蔵『戸隠神社図』より

ヤマタノオロチの名前の意味　03

　「ヤマタノオロチ」の漢字での書き方は2通りあり、『日本書紀』では「八岐大蛇」であり、『古事記』では「八俣遠呂智」と書かれる。「岐」あるいは「俣」という漢字には"分かれる"という意味がある。つまり"ヤマタ（八岐）"というのは首が8つに分かれているという意味になる。

　"オロチ（遠呂智）"という言葉に

も意味があり、「オ」はしっぽ、「ロ」は今でいう「〜の」と同じ使い方をする言葉、「チ」は霊力をあらわす。つまり、"長いしっぽの神様"という意味になる。

　"ヤマタ"と"オロチ"の2つの意味を合わせると、頭が8つあり、長いしっぽをもつ神様のような存在「ヤマタノオロチ」をあらわす言葉になるのだ。

75

妖怪データ レア度 ★★☆

別名	キャシャ	大きさ	1.6m〜2m
すがた	ネコ、鬼、女のすがたで、炎をまとっている	地域	全国
特徴	黒い雲や雷をあやつり、死体をうばっていく	場所	墓場

2章

火車
かしゃ

人間の死体をうばう炎をまとったけもの

ネコや鬼に似たすがたで、体に炎をまとっている。雷や黒い雲をともなってあらわれ、お葬式をおそい、生きているときに悪いことを行った人間の死体をうばうといわれている。ときには墓場を掘り起こし、うめられた死体を食べてしまう。

「火車」は、ふつうはしっぽが2つにわれたネコのようなすがたをしているが、鬼のようであったり、女のすがたであったりするともいわれる。女の火車は「キャシャ」とも呼ばれている。

似た名前の妖怪に「火の車」がいるが、この妖怪は地獄からつかわされた空を飛ぶ車で、悪人を生きたまま地獄へと連れさる。鬼が車を引いていることもあるという。

妖怪博士の記録

火車から死体を守るには？

「火車」に死体をうばわれない方法はいくつかある。葬式を2回行い、最初の葬式のときには死体のかわりに棺おけに石をつめておき、「火車」をだます方法。もしくは、死体の入った棺おけの上に、刀やかみそりをおくと「火車」はこわくて手を出せないという。また、棺おけを出す前に「火車にはくわせん」と3回となえるとよいともいわれている。

77

妖怪データ レア度 ★☆☆

別名	なし	大きさ	数十cm〜数m
すがた	年をとったネコ、しっぽがわれている	地域	本州、四国、九州
特徴	人間の言葉をしゃべり、人間のように歩く	場所	山

しっぽが2つにわれたしゃべるネコ！

　年をとったネコが化けたのが「猫また」である。長い間飼ったネコは、しっぽが2つにわれてしまうことがある。中には、3つや7つまでわれてしまうこともある。このように「猫また」になったネコは、2本足で歩いて鳥や虫を追いかけたり、人間の言葉をしゃべったりする。なかには陽気な「猫また」もおり、てぬぐいをかぶっておどることもある。
　「猫また」になったネコは山にひそみ、通りがかる人間をおそって食べるともいわれているが、かわいがってくれた人間を助けることもある。

2章 猫また(ねこまた)

妖怪博士(ようかいはかせ)の記録(きろく)

猫又山(ねこまたやま)の猫(ねこ)またとは!?

もともとは富士山(ふじさん)に住(す)んでいた「猫(ねこ)また」が、平安時代(へいあんじだい)に源頼朝(みなもとのよりとも)に追(お)われて、富山県(とやまけん)の黒部峡谷(くろべきょうこく)に来(き)た。「猫(ねこ)また」が人間(にんげん)を食(た)べつづけるので、村人(むらびと)はその山(やま)をおそれて猫又山(ねこまたやま)とよんだという。村人(むらびと)が代官(だいかん)に「猫(ねこ)また」をたいじしてくれと頼(たの)み、千人(せんにん)の人間(にんげん)で「猫(ねこ)また」を追(お)いかけた。すると「猫(ねこ)また」はどこかににげてしまったという。

妖怪データ レア度 ★☆☆

別名	かべぬり	大きさ	数mから数十m
すがた	見えないかべのようなすがた	地域	九州
特徴	人間の前に立ちふさがり進めなくする	場所	屋外

2章

ぬりかべ

見えないかべで通せんぼ

　「ぬりかべ」は、かべのようなすがたでよく知られているが、本当にかべのようなすがたをしているのかは不明である。

　日本の福岡県遠賀郡の伝説によると「ぬりかべ」は、夜道を歩く人間の前に立ちふさがり、進めなくする。前に進めなくなった人間は見えないかべにふさがれているように感じる。

　「ぬりかべ」にじゃまされてこまっ

た場合は、ぼうのようなもので足元をはらうと「ぬりかべ」はきえるといわれている。

　福岡県以外にも「ぬりかべ」はあらわれる。大分県臼杵市には「ぬりかべ」があらわれた道が今でものこっている。また、大分県では「ぬりかべ」を「かべぬり」とよぶが、これはだれかが名前をまちがえただけではないかと考えられる。

81

妖怪博士の記録

ぬりかべ

かべづくりの技術が生んだ妖怪？

「ぬりかべ」の伝説は大分県臼杵市に多くのこっている。臼杵市は、かべづくりの技術がとてもすぐれた町である。

臼杵市には江戸時代、あまり知られていなかった油漆喰という技術があった。油漆喰でつくられたかべは、雨や水をはじくことができる。当時の人はこのかべにとてもおどろいたであろう。このおどろきが、前に進めなくなるふしぎな現象に「ぬりかべ」という名前をあたえたのかもしれない。

また、「ぬりかべ」は地域によって「タヌキのいたずら」、「キツネのいたずら」、「イタチのいたずら」ともよばれている。静岡県では「キツネのいたずらで、ぬりかべじょうたいにされた」という言葉がのこされている。

「ぬりかべ」のすがたは不明のままであったが、最近になって「ぬりかべ」と思われる妖怪がえがかれた絵が発見された。その絵には、3つの目があるイヌのようなすがたがえがかれている。

油漆喰でつくられたかべ。このかべが「ぬりかべ」のもとになったという。
写真提供：臼杵市観光情報協会

正体不明の妖怪

すがたが見えない、もしくは見た人がいない妖怪。こういった妖怪はいたずら好きで、すがたを見せずふしぎな現象をおこすことが多い。

寝肥 →P219
「寝肥」は、気がつくととりつかれているので、正体がわからない。

べとべとさん →P238
後ろからついてくるのだが、ふり向いてもすがたは見えない。

ぬりかべ →P80
かべのすがたを思いうかべるが、すがたは見えない妖怪なのだ。

砂かけ婆 →P224
おばあさんのすがたをしているというが、すがたを見た人はいない。

妖怪データ レア度 ★★☆

別名	黒姫	大きさ	人間とおなじくらい
すがた	首から上を黒い布で包んだ女性	地域	中部地方
特徴	事故を起こさせる	場所	屋敷

くろひめさま
黒姫様

首から上を黒い布で包んだ怪しげな姫

江戸時代、日間賀島（愛知県）の西部に「黒姫様」と言う怪しき存在があった。「お姫屋敷」といわれる豪邸があり、時折首から上を黒い布で包んだ女性が目撃された。どうやらこの女性が「黒姫様」らしい。

この豪邸は、身分の高い藩士やその身内を島流し（罰として追放すること）にする場所であったと言われる。一般庶民は、屋敷に近づく事を禁じられたが、屋敷の周りでは、行方不明者が続出。また、近くの海では特に荒れてもないのに、地元の漁船が遭難したりしたといわれている。それもこれもすべて「黒姫様」の仕業だといわれていた。

高坊主

四国にあらわれる巨大な身長の妖怪

　四国の徳島県にあらわれる妖怪。巨大な身長をしており、ときには僧侶のすがたをしていたり、またあるときには1つ目の巨人として現れたりすることもある。徳島の妖怪でよく言われることだが、化け狸がいたずらで化けたものだともいわれる。
　おもに橋のたもとに出没したり、街中に出没したりする。巨大なすがたは見たものを驚愕させる。似た妖怪に「見上げ入道」「見越入道」が全国各地に存在しているが、この2種類は見上げるたびに大きくなっていく。「高坊主」に関しては、だんだんと大きくなる場合と、最初から大きい存在である場合がある。

2章

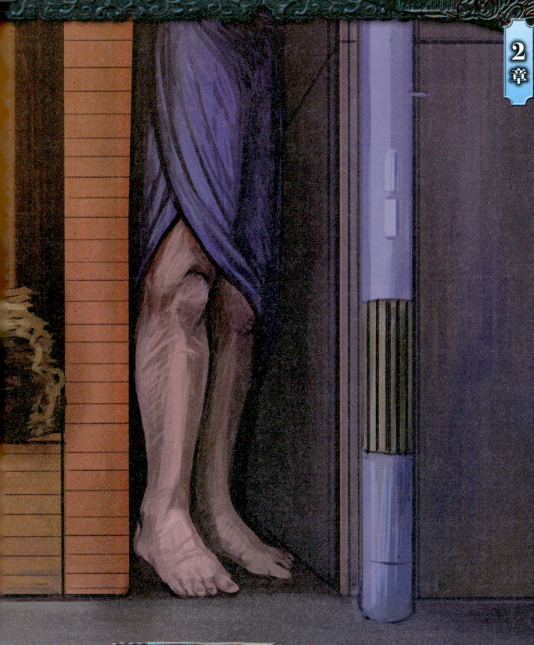

妖怪データ レア度 ★★★

別名	なし	大きさ	とにかく巨大
すがた	僧侶や一つ目の巨人	地域	徳島県
特徴	見る者を驚かせる	場所	街中や橋の近く

美しくもおそろしい雪の妖怪

「雪女」は、吹雪の夜などにすきとおる白い肌、白い着物にロングヘアーというすがたであらわれる。人間を凍死させるほどの冷たい息をはく。美女が多く、中にはウシをひいていることもある。

東北地方や北陸など雪国に多く出るイメージがあるが、四国や九州にもあらわれる。むかしの日本は九州ぐらいまでは大雪がよくふっていたのだ。

人間と結婚して子どもをたくさんうみ、正体がばれてきえてしまうことがよくある。

仲間の妖怪に「ツララオンナ」、「シガマニョウボウ」などがいる。

雪女
ゆきおんな
2章

妖怪データ	レア度 ★☆☆		
別名	ユキムスメ、ユキババ、ユキオナゴなど	大きさ	人間と同じくらい
すがた	すきとおる白い肌、白い着物にロングヘアー	地域	全国
特徴	人間を凍死させる	場所	雪山

妖怪博士の記録

雪女

雪女の正体は雪神だった 01

地域によっては、雪がとけることを「雪神」が立ちさり、「農耕神」がやってくることといわれている。また、雪が降ることは「農耕神」が立ちさり、「雪神」がやってくることといわれている。「農耕神」とは、農作物を管理する神様だ。

妖怪「雪女」は、「雪神」が妖怪化したものだとされている。

「雪女」は夫とのあいだに10人の子どもをうんでさっていったという話がある。この10人の子どもとは、農業における十穀（10種類の穀物）であると考えられる。「雪女」は、「雪神」としてきえてゆき、「農耕神」である10人の子ども、つまり10種類の穀物をのこしたのではないだろうか。

雪山にあらわれた「雪女」。白い着物を着た美しいすがたをしている。

国立国会図書館所蔵『画図百鬼夜行』より

02 東京都にもあらわれた雪女

日本はかつて九州や四国でも雪がつもるぐらい寒い気候で、日本中に「雪女」など雪妖怪の伝説がのこされている。

東京都青梅市に千ヶ瀬の渡しという船着き場と小屋があり、そこに白い着物を着た、美しい女の妖怪があらわれるという話があった。白い息をはいて、人間をこおらせて殺すというその妖怪は「雪女」だったのだ。

この話をもとに明治時代の作家、小泉八雲が『雪女』という有名な小説を書いた。話の舞台となった青梅市にある調布橋のたもとには、「雪おんな縁の地」という石碑がたてられている。また、石碑の近くには、「昭和レトロ商品博物館」という博物館があり、2階には「雪女の部屋」がつくられている。

2階にある「雪女の部屋」では、「雪女」の本や絵がたくさん展示されている。

03 雪女と似た妖怪「ユキノドウ」

「雪女」と似た妖怪がいる。岐阜県揖斐郡揖斐川町にあらわれる「ユキノドウ」という正体不明のとうめいの妖怪だ。

「雪女」は美女というイメージがあるが、「ユキノドウ」は、女や雪玉のすがたであらわれるという話もある。また、昼間でも夜でも時間に関係なくあらわれるそうだ。

「ユキノドウ」は山小屋のドアの前に立ち「水をくれ」というのだが、けっして水をあげてはいけない。うっかり水をあげると「ユキノドウ」に殺されてしまうのだ。

熱いお茶を出すか、あるいは「後ボーシ、アメウジガワノ八ツ緒バエ締メツケ履イタラ、如何ナルモノモカナウマイ」と、となえると「ユキノドウ」を追いはらうことができると伝えられている。

妖怪博士の記録

鬼をやっつけた童子の秘密

　鬼の髪をはぎとった童子は、今の愛知県の生まれである。ある村に、子どものすがたをした雷神が天から落ちてきた。おどろいた農民が杖で打ち殺そうとしたが、雷神は命を助けてくれたら雷神のように強い子どもをあたえると約束した。その後、ヘビが巻きついて生まれてきた子どもはとても力持ちだった。これが鬼をやっつけた童子だといわれた。

元興寺
がごぜ

2章

日本で記録にのこっているもっとも古い鬼

日本で記録にのこるもっとも古い鬼だといわれている。奈良県の元興寺に出たことから「がごぜ」という名前でよばれるようになった。あるとき、元興寺の童子（寺ではたらく子ども）たちが、毎晩つぎつぎと死んでしまうという不思議な事件が起きた。童子たちの間では鬼のしわざじゃないかとうわさされた。

そこで寺で一番の力じまんの童子が、鬼の正体を見るために立ち上がった。明けがたに鬼があらわれたので、童子は鬼の髪をつかんで引きずり回した。鬼は髪を引きはがされ、血を流しながらにげ出した。血のあとをたどっていくと、むかし寺ではたらいていた男の墓まで続いていた。この男の霊が鬼となって悪さをしていたようだ。このとき、鬼からはぎとった髪は寺の宝物になった。

妖怪データ　レア度 ★★★

別名	元興寺の鬼	大きさ	1.5m以上
すがた	日本で最古の鬼	地域	奈良県
特徴	夜に人間を殺す	場所	元興寺

> 2章

うみぼうず

海坊主

海を嵐のようにあらす妖怪

「海坊主」は、海に住む妖怪であり、「船幽霊」（→P100）、「人魚」（→P58）とならび、日本の代表的な海の妖怪である。「海坊主」の正体は、魚の霊が集まったものだといわれているが、はっきりしていない。

夜の海にとつぜんすがたをあらわし、おだやかだった海を嵐のようにあらして、船をこわす。大きさは数mの小さいサイズから、数十mの巨人サイズまでいろいろあり、多くは1匹で出てくるが、中には集団で船をおそうこともある。集団でおそいかかるときは、船にしがみついたり、かじりついたりして沈没させる。

「海坊主」は、人間に化けることもあるらしく、宮城県気仙沼大島では美女に化けて泳ぎくらべをいどみ、愛媛県宇和島市ではお坊さんに化けて人間を殺したこともあった。

妖怪データ　レア度 ★☆☆

別名	海法師、海入道	大きさ	数mから数十m
すがた	不明。いろいろな大きさであらわれる	地域	全国
特徴	海をあらして船をこわす	場所	海

妖怪博士の記録
海坊主

海坊主からにげるには

「海坊主」に出会ってしまったら、いそいでにげても間に合わない。いくつか対策はあるが、一番効き目があるのは、煙を出すことである。

「海坊主」たちは煙をいやがってにげていく。また、必死になってあやまると許してくれることもある。
「海坊主」があばれるのは、だいたい人間のせいである。たとえば、月末やお盆の時期は、漁をしてはいけないという決まりがむかしからあるが、それをやぶって船を出してしまう自分勝手な人間もいる。「海坊主」はそんな人間を反省させるために出てきてあばれるのだ。

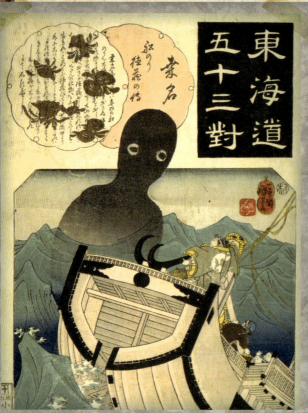

江戸時代にえがかれた海坊主。人間とくらべて、とても大きいことがわかる。

国立国会図書館所蔵『東海道五十三対』より

東シナ海にあらわれた海坊主　02

　1930年ごろ、ある男が東シナ海で海坊主に出会ったという。

　年をとった外国人の漁師をやとった男は、韓国の仁川の沖に船を出し、釣りをしていた。

　するととつぜん、天気が悪くなり、黒い雲が出てきた。これは危ないと思った男は、漁師とそうだんし、港に帰ることにしたが、船のまわりに霧のような雨がふってきた。

　そのとき漁師が悲鳴をあげ、頭をかかえてうずくまった。なんと前方に、**3.3mの高さ、大人4人分はありそうな胴の太さをした怪物**が水面に立っている。男はものすごい恐怖を感じたが、漁師をはげまし、どうにか仁川の港まで帰ってくることができた。

東シナ海にあらわれた「海坊主」は、あらわれただけで人をおそわなかった。

怪獣カバゴンが漁船をおそった!?　03

　「カバゴン」という「海坊主」に似た怪獣がいる。1974年4月28日の午後に、漁船金平丸の船長以下26名の乗組員全員がふしぎな怪物を目撃した。

　1.5mほどの大きな頭が海面から出ており、15cmくらいのギョロ目、大きな鼻が見えた。 その怪物に、船が30mくらいのところまで近づいたとき、怪物は海中にすがたをけしてしまった。

　その怪物はまるでカバのようなすがただったので、そのまま「カバゴン」という名前がついた。カバは川や沼などにしかおらず、海にはいないはずだ。また、セイウチのオスにも似ていたそうだ。

　頭が1.5mほどあったことを考えると体の大きさはかなりのものだったろう。

鎌鼬
かまいたち

手に刃物がはえた イタチの妖怪

2章

「鎌鼬」は、とつぜん巻き起こった風とともにあらわれる妖怪で、イタチのようなすがたで、手に刃物がはえている。野原にすてられた鎌が妖怪になったとも、カマキリの霊が妖怪になったともいわれている。

地域によっては、3匹で人間におそいかかる。1匹目の「鎌鼬」が人間をたおし、2匹目が手の刃物で傷をつけ、3匹目が薬をぬる。そのため傷がついていても、痛みはまったく感じないという。

暦を足でふんだ人間がこの妖怪におそわれるといわれており、この妖怪に切りつけられた傷には、暦を焼いた炭をつけるとよいとされた。

妖怪博士の記録

牛馬をおそうのは提馬風

「鎌鼬」は人間をおそうが、風にのって牛馬をおそう「提馬風」という妖怪もいる。岐阜県や愛知県では、人がウマにのったり、ウマをひいたりしながら道を進んでいると、風とともに「提馬風」におそわれる。この妖怪におそわれた牛馬は、苦しみながら死んでしまう。

妖怪データ　レア度 ★☆☆

別名	きゅうき	**大きさ**	30cm～70cm
すがた	イタチのようなすがたで、前足に刃物がはえている	**地域**	全国
特徴	人間を切りつけ、痛みのない傷をつける	**場所**	屋外

99

2章

船幽霊
ふなゆうれい

水をくんで船を沈める、海で死んだ人間の魂

「船幽霊」は、海で死んだ人間の魂が妖怪となったものである。自分が死んでしまったことがくやしくて、生きている人間を殺そうとする。

「ひしゃくを貸してくれ」という「船幽霊」の言葉に、うっかり貸してしまうとひしゃくで海の水を船に入れられて沈められる。これを防ぐには、底がぬけたひしゃくを貸すか、おにぎりを海に投げこむとよい。

中には、船そのものが「船幽霊」になっていることがある。生きている人間がのる船に体当たりをしてきたり、人間ののる船と競争をして「船幽霊」が勝つと人間の船を海に沈めたりする。

とくにお盆に船を出すと「船幽霊」に会うという。

妖怪博士の記録

正体は平家の怨霊

平安時代に山口県の壇ノ浦で、源氏との合戦に敗れた平家の霊が「船幽霊」になったともいわれている。源義経が、兄である源頼朝から裏切り者とうたがわれて船でにげようとしたとき、海上で平家の霊が立ちふさがった。そのため、船ではにげられなかった。

妖怪データ　レア度 ★★☆

別名	えながかせ	大きさ	1.5m～3m
すがた	人間の幽霊に近い。集団で行動する	地域	全国
特徴	人間がのっている船にひしゃくで海水を入れて沈める	場所	海

101

野鉄砲
（のでっぽう）

とつぜん山にあらわれ、人の目をくらます

山や谷間で歩いている人間におそいかかる妖怪。タヌキや「貂」（➡P154）に似たすがたをしている。口からコウモリのような生き物を飛ばし、人間の頭や顔にしがみつかせ、目をふさいで、前を見えなくするという。この妖怪のいたずらから身を守るためには、オナモミという植物をポケットに入れておくとよい。また、「野鉄砲」は、コウモリが長い年月をへて、妖怪化したものだと考えられている。

妖怪データ　レア度 ★★☆

別名	なし		大きさ	数十cm
すがた	タヌキや貂に似たすがた		地域	全国
特徴	口からコウモリのような生き物を飛ばす		場所	山・谷

2章

蟹坊主
かにぼうず

むずかしい問題を出し、お坊さんを食べるカニ

山梨県山梨市万力の長源寺には妖怪「蟹坊主」の伝説がのこっている。あるとき、この寺のお坊さんがつぎつぎと行方不明になる事件がおきた。そこである人物が寺にのりこみ、お坊さんを食べていた妖怪「蟹坊主」をたいじした。この妖怪は別名「化け蟹」ともいい、巨大なカニのすがたで、お坊さんのすがたになることもある。人間を見ると、むずかしい問題を出して、答えられないとその人間を食べてしまう。

妖怪データ　レア度 ★★☆

別名	化け蟹	大きさ	数m
すがた	大きなカニのすがた。お坊さんのすがたにもなる	地域	全国
特徴	人間に対し、むずかしい問題を出す	場所	寺

仏壇の中からとつぜん
飛び出しておどろかす

塗仏

ぬりぼとけ

「塗仏」は、仏壇の中からとつぜん出てくる。真っ黒な体にたれさがった左右の目玉、だらんとたらした舌をもつ。魚のようなしっぽがはえていることもある。あまり凶暴な妖怪ではないが、人間をおどろかすことが目的のようだ。

仏壇の手入れをしないと、自分で手入れをするためにあらわれることもあり、仏壇が妖怪化したものだという説もある。

また、なまけもののお坊さんをおどろかしたり、仏壇を毎日おがんでいるとあらわれたりするともいわれている。この場合はタヌキが正体だとされる。

妖怪博士の記録

仏様や地蔵様が妖怪になる？

「塗仏」に、「仏」という文字がついているのはなぜだろうか。「仏」という言葉には「仏様」だけではなく、「死人」という意味もある。つまり「塗仏」は、「仏様」が妖怪化したものではないのだ。また、「化け地蔵」「豆腐地蔵」など地蔵が名前に使われている妖怪もいる。

妖怪データ	レア度 ★★☆
別名	なし
すがた	真っ黒な体にたれさがった左右の目玉、舌をたらしている
特徴	人間をおどろかす
大きさ	人間と同じくらい
地域	全国
場所	仏壇

2章 産女(うぶめ)

赤ちゃんをだきかかえた妖怪

「産女」はかなり古い妖怪であり、平安時代からあらわれている。赤ちゃんをだき、血だらけで道ばたや川べりにあらわれる妖怪であり、妊娠したまま亡くなった人間の霊が妖怪化したとも、出産のさいに亡くなった母親の霊が妖怪化したともいわれている。

そのため、赤ちゃんをうむことなく死んだ妊婦は、そのままお墓にうめず、お腹の赤ちゃんを取り出してだかせてあげたり、赤ちゃんのかわりに人形をだかせてあげたりすると、「産女」にならないとされた。

「産女」は、橋のたもとなどにあらわれ、通行人に「子どもをだいておくれ」とたのむ。赤ちゃんをだいた人間は、力持ちになれるといわれているが、血だらけの「産女」を見た人間のほとんどはにげ出してしまうだろう。

一部の地域では「産女」は鳥のすがたとされていて、中国の妖怪「姑獲鳥」と同じものだといわれている。

妖怪データ　レア度 ★★☆

別名	うぶめどり
すがた	血だらけで赤ちゃんをだいている
特徴	不気味なすがたで子どもをだかせる
大きさ	人間と同じくらい
地域	本州
場所	道・橋のたもと

2章

からかさおばけ
傘おばけ

古ぼけた傘が化けた子どもと仲よしの妖怪

「傘おばけ」は、古ぼけた傘に足がはえ、舌をぺろりと出して、大きな一つ目のすがたをしている。足は1本で下駄をはいていることが多い。目が2つで足が2本のもの、うでがはえているものもいるようだ。

あいきょうのある妖怪で、出てきて人間をおどろかすだけ。人間の子どもとは仲よしである。

物が100年たつと魂がやどり、自由に動き出すことがある。これを「つくも神」とよぶが、この「傘おばけ」も「つくも神」の一種であるといえるだろう。

妖怪博士の記録

人間を苦しめる妖怪「幽霊傘」

鳥取県西伯郡伯耆町には、人間を苦しめる妖怪「幽霊傘」があらわれる。「傘おばけ」とは近い種類の妖怪とも思われる。一つ目で1本足のすがたをしており、強風のふく日に、通りがかった人間を、大空高くまい上げるいたずらをするといわれている。

妖怪データ　レア度 ★★★

別名	傘小僧・傘オバケ	大きさ	傘と同じくらい
すがた	傘に足がはえ、一つ目で舌を出している	地域	全国
特徴	いきなり出てきて人間をおどろかす	場所	屋外

しあわせをよぶ着物すがたの子ども

「座敷童子」は、子どものすがたをした神様で、座敷または蔵に住む「座敷童子」が住んでいる家は栄えるが、立ちさってしまった家は貧乏になるといわれている。

岩手県を中心に東北地方で伝えられている妖怪だが、最近では関東地方などの旅館や古い家にもあらわれるという。

旅館に住みつく「座敷童子」は、夜になると出てきて、泊まっているお客さんと、うでずもうをしたり、ねている人間の布団の向きを変えたりする。「座敷童子」のすがたを見るだけでしあわせになるといわれている。

めずらしい例としては、双子の女の子の「座敷童子」や、小学校に生徒しか見えない「座敷童子」がいるという。

座敷に住む「座敷坊主」、家に住む「あかしゃぐま」なども住みつく家を栄えさせる妖怪なので「座敷童子」の仲間なのかもしれない。

2章 座敷童子(ざしきわらし)

妖怪データ レア度 ★☆☆
- 別名: くらぼっこ
- すがた: 着物すがたの子ども
- 特徴: 住みついた家をしあわせにする
- 大きさ: 子どもと同じくらい
- 地域: 主に東北地方。関東地方にも出る
- 場所: 家

妖怪博士の記録
座敷童子

火事から人を救った！？　緑風荘の座敷童子

　岩手県二戸市には、金田一温泉でにぎわう温泉街がある。その中に「座敷童子」が住んでいることで有名な「緑風荘」という旅館があったが、火事により焼けてしまった。

　この火事のとき、「にげろ」という子どもの声が聞こえ、お客さんは全員助かったそうだ。着物すがたの子どもが、庭にある「座敷童子の祠」ににげこむのを見たという話もある。この緑風荘では、多くの人が「座敷童子」と出会っている。

　岩手県にはほかにも「座敷童子」があらわれるという旅館がいくつかある。遠野市の民宿「とおの」、民宿「曲り家」などは、「座敷童子」を見てみたいという人たちでにぎわっている。

　なお「座敷童子」が出る場所で写真をとると、オーブというとうめいの物体がうつりこむことがある。これは「座敷童子」が、オーブに変身しているのかもしれない。

「緑風荘」の火事から人を救ったのは「座敷童子」だったのかもしれない。

子どものすがたの妖怪

人間の子どものようなすがたをした妖怪は、性格も子どものように、いたずら好きであったり、あそぶのが好きだったりする。

豆腐小僧 → P57

気がよわく、他の妖怪からいじめられたりするらしい。

座敷童子 → P110

いたずら好きで、子どもとあそぶこともある。

雨降小僧 → P28

いきなり雨をふらせて人間をおどろかせるのが好きだという。

浪小僧 → P170

大雨がふると陸にあがってあそびにくるという。

磯撫 (いそなで)

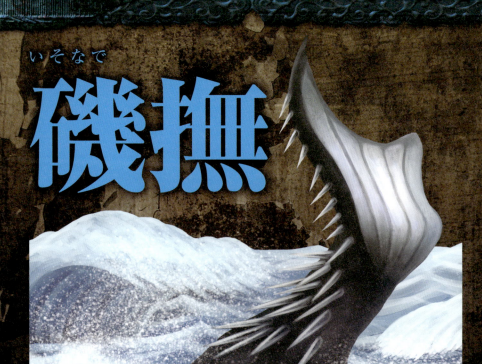

人間を海中にたたきおとす

　西日本の海に出る巨大な魚の妖怪「磯撫」は、北風が強く吹くととつぜんあらわれる。尾には針がたくさんついており、サメのようなすがたをしている。静かに船に近づき、完全に近づくまですがたを見せない。船の近くまで来ると、その尾を使って人間を海中にたたきおとす。「磯撫」という名前は、なでるように泳ぐことからついたとも、人間をなでるように海中にたたきおとすことからついたともいわれる。

妖怪データ　レア度 ★★☆

別名	なし	大きさ	数m以上
すがた	サメのような巨大魚。尾に針がついている	地域	西日本
特徴	人間を海の中にたたきおとす	場所	海

桂男
かつらおとこ

2章

月から人間の命をうばう妖怪

「桂男」は、月に住んでいる妖怪。性格はおとなしいが、月を長くながめている人間に手まねきし、その命をうばってしまうといわれている。平安時代の本では、「桂男の君のような」という表現が美男子をさすので、美しい男の妖怪であったのかもしれない。「桂男」はもともと中国の妖怪であり、中国の古い本にくわしい内容が記載されている。それによると、「桂男」は月で桂という木を切っているという。

妖怪データ ●レア度 ★★★

別名	なし	大きさ	測れないほど大きい
すがた	巨大なすがたで月に住んでいる	地域	和歌山県
特徴	月をながめている人間を殺す	場所	月

女郎蜘蛛
じょろうぐも

2章

美しい女のすがたをしたクモの妖怪

「女郎蜘蛛」は、美しい女に化けて人間の男をゆうわくする。糸をはき、クモの子どもたちをあやつり、人間の血を吸う。毒をもっていることもある。400年以上生きたクモが妖怪化したものだといわれている。

静岡県にある浄蓮の滝や、宮城県にある賢淵に住む「女郎蜘蛛」は、滝つぼや沼、池に住んでいて、釣りや山仕事で近くにきた人間を水中から糸を出してからめとり、引きずりこむ。

ある男が賢淵で、何度も小さなクモが自分の足に糸をつけてくるので、横にあった切り株に糸をつけなおしたところ、ものすごい力で切り株が水中に引きずりこまれ、どこからか「賢い、賢い」と声が聞こえたという話がある。

妖怪データ　レア度 ★★☆

別名	絡新婦		大きさ	人間と同じくらい
すがた	美しい女に化けるクモ		地域	全国
特徴	糸をまきつけて、ものすごい力で水中に引きずりこむ		場所	滝つぼ・沼

117

妖怪博士の記録

女郎蜘蛛

妖怪との約束「もし、しゃべると…」

静岡県伊豆市にある浄蓮の滝は「女郎蜘蛛」が出る場所として有名で、いくつか不気味な伝説がのこされている。

ある木こりが、うっかり滝つぼにナタを落としてしまった。木こりが滝つぼにもぐると、美しい女がナタを返してくれたのだが、「ここで見たことをだれにもいってはなりません」といわれた。しかし木こりは、あるときお酒を飲んでうっかりしゃべってしまった。その後、眠りについた木こりは、二度と目をさますことはなかった。

また、**木こりが、まるで見えない糸にひかれるかのように外へ出ていき**、つぎの日には浄蓮の滝に死体となって浮かんでいたという説もある。

糸で小さいクモをあやつる「女郎蜘蛛」。小さいクモは火をはいている。

国立国会図書館所蔵『画図百鬼夜行』より

118

女郎蜘蛛に告白された男 02

　ある男が自宅の縁側で昼寝をしていると、50歳くらいの女がすがたをあらわした。その女は「わたしの娘があなたのことを好きになったので、うちに来てもらいたい」といった。男はふしぎに思いながらも女の屋敷へ行ってみることにした。その屋敷には、若い娘がいて、男に結婚してほしいとせまってきた。

　男は「わたしには妻がいるので結婚はできない」と断ったが、「母は一昨日あなたに殺されかけ、命がけでたずねたのに、その気持ちをだいなしにするのか」とせまられた。男がこまりきっていると、屋敷はきえ、自宅の縁側で気を取りもどした。

　夢かと思いあたりを見ると、小さなジョロウグモがおり、のきしたにはクモの巣がはられていた。

日本に生息するジョロウグモのすがた。このクモが「女郎蜘蛛」の正体なのだろうか。

ウナギの手助けをしなかった男 03

　むかし、宮城県の賢淵のそばに住んでいた男の話である。

　ある夜、この男の家に美女がおとずれ、「自分は、賢淵に住むウナギである。明日は女郎蜘蛛がせめてくるので助けてください」といった。男がこまっていると、「ここにいるぞと声だけでもかけてください」とたのみこまれた。

　しぶしぶ、しょうちした男だったが、いざ翌日になるとこわくなってしまい賢淵には行かなかった。

　その結果、ウナギは死んでしまい、男も亡くなってしまった。

　救いようのない話だが、妖怪との約束をやぶるのはいつも人間の方である。たとえ相手が妖怪であっても、約束はけっしてやぶってはいけない。

手と足がそれぞれ長いコンビの妖怪

　コンビで行動する仲よしの巨人。足の長い「足長」が、手の長い「手長」を肩ぐるましてあらわれることが多い。

　いつもは山に住んでいるが、海の近くにすがたをあらわすこともある。体がものすごく大きく、山から海に手をのばして人間をおそったり、村をこわしたりする。「手長」が女で、「足長」は男、2人は夫婦であるともいわれる。

　秋田県の鳥海山に住んでいた「手長足長」は、旅人や船をつかまえるなど、悪いことをくりかえした。福島県の会津では天気をくもりにして、農家の人びとを苦しめた。

2章

手長足長
てながあしなが

妖怪博士の記録

手長足長と足長手長の違い

「手長足長」は東日本に伝わる巨人だが、九州には「足長手長」という妖怪がいる。これもまた、手の長い妖怪「手長」と足の長い妖怪「足長」のコンビである。大きさは数mであり、山の大きさと同じくらいの「手長足長」よりは小さい。

妖怪データ　レア度 ★★★

別名	なし	大きさ	数百m
すがた	ものすごく足と手が長く、やせている	地域	東日本
特徴	村をこわしたり、人間をおそったりする	場所	山

121

手目坊主
てめぼうず

手のひらに目玉があるお坊さんの妖怪

「手目坊主」は、手のひらに目玉があるお坊さんのすがたをしている。「手の目」ともよばれる。人間を見るとおそいかかり、食べてしまう。ある男が京都府の七条河原の墓場に肝試しに行ったところ、手のひらに目玉がある妖怪におそわれた。ものすごい速さで追いかけられ、男は近くの寺ににげたが、妖怪に見つかり骨までしゃぶられてという。

妖怪データ　レア度 ★★★

別名	手の目	大きさ	人間と同じくらい
すがた	手のひらに目玉があるお坊さん	地域	全国
特徴	ものすごい速さで追いかけ、人間を食べる	場所	墓場・道

恙虫（つつがむし）

人間にとりついて病気にする小さい虫

「つつがない」とは「何事もない、無事である」という意味であり、「恙」という言葉は、"病気"や"災難"という意味である。かつて、日本では妖怪「恙虫」が暴れまわり、「恙虫」にさされることで発病する"恙虫病"により、多くの死者が出たといわれている。現在でも各地で、「恙虫」による被害の報告がある。

妖怪データ　レア度 ★★★

別名	なし
すがた	人間にとりつく小さい虫
特徴	とりついた人間を「恙虫病」にする
大きさ	数mmから数cm
地域	全国
場所	人体

123

2章 朱の盆（しゅのぼん）

お盆のように大きい赤い顔の鬼

　福島県にある諏訪のお宮に出たとされる赤い顔をした鬼の妖怪。ぎらぎらと星のように輝く目玉、髪は針のようで、額には1本の角、耳元まで大きくさけた口をしていて、キバをかみ鳴らす音は雷のようである。盆のような大きい顔をしていることから、「朱の盆」とよばれるようになった。

　ある侍がこの妖怪の正体を見やぶるために、深夜に諏訪のお宮に出かけたところ、男に出会った。「朱の盆」を見にきたというと、その男はたちまち「朱の盆」に変化し、侍は失神した。息をふきかえしたあと、民家ににげこんだが、そこの住民も「朱の盆」に変化。侍は命からがらにげ出したが、100日後に亡くなったという。

妖怪博士の記録

舌長うばとのコンビ

　むかし、2人の旅人が荒野で老婆が住む1軒の家に泊まった。するとその夜、老婆の舌がのびて、寝ている旅人の顔をなめはじめた。この老婆が「舌長うば」だ。さらに赤い顔をした「朱の盆」が出てきた。起きていたもう1人の旅人が刀で切りつけると「朱の盆」はきえ、「舌長うば」は寝ている旅人をかかえてにげ出した。翌日、つれさられた旅人が白骨で見つかった。

妖怪データ　レア度★★★

別名	朱の盤、しゅぱん
すがた	大きくさけた口、針のような髪、星のように輝く目玉
特徴	人間に化け、とつぜん妖怪のすがたにもどっておどろかす
大きさ	数m
地域	福島県
場所	諏訪のお宮

夜行さん
やぎょうさん

首のないウマにのっているヒゲをはやした鬼

深夜、道を歩いていると首のないウマにのった「夜行さん」があらわれる。「夜行さん」は目玉がひとつしかなく、ヒゲがはえた鬼のすがただといわれている。徳島県では大晦日や節分の夜に出るという。また、となりの香川県では首のないウマだけで出てくることもあり、高知県ではつえを鳴らしながら歩く、見えない存在だとされている。

「夜行さん」と道で出会った人間は、ウマの足でけり飛ばされたり、投げ飛ばされたりしてしまう。この妖怪に会ったときは、道にふせて頭にわらじをのせ、おとなしくしているとやりすごせる。

妖怪博士の記録

八王子の夜行さんは美女!?

東京都八王子市にも「夜行さん」があらわれる。戦国時代、高月城が敵に攻められたとき、姫がウマにのってにげ出した。しかし、敵に気がつかれてウマの首をはねられてしまい、ウマと姫はそのまま殺された。それから首のないウマにのった姫が目撃されるようになった。

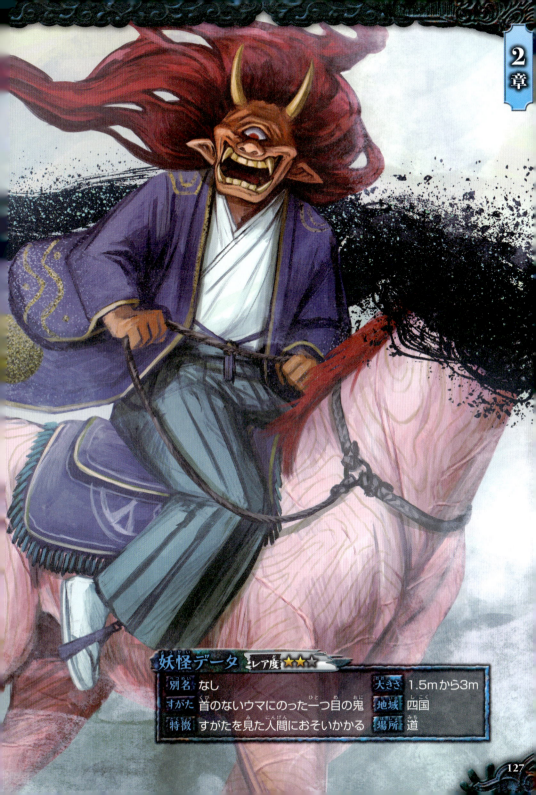

妖怪強さくらべ

日本三大妖怪

日本の妖怪の中で、最強を決めるのはむずかしいが、三大妖怪とよばれている妖怪がいる。まず紹介したいのが「九尾の狐」である。インドや中国で国をほろぼし、日本もほろぼそうとした強大な力ははかりしれない。日本では「玉藻の前」という名前でもよばれており、栃木県那須町の那須湯本温泉の近くにある「殺生石」の伝説が有名だ。死んだ後も毒の岩となり人を殺したというおそろしい妖怪だ。

次は日本の鬼の中でも有名な「酒呑童子」だろう。「茨城童子」「熊童子」など多くの子分をひきつれて、京都府をおそい、人間をさらったり、金品をうばったり大あばれしている。

最後は妖怪たいじで有名な源頼光と家来の四天王（渡辺綱、坂田公時、碓井貞光、卜部季武）によって、たいじされた「大嶽丸」だ。「大嶽丸」は三重県と滋賀県の間にある鈴鹿山であばれまわっていた鬼である。何度も殺され、その首をはねられても、復活するという。まさに不死身の鬼である。不死身だけではなく「大嶽丸」は超能力をあやつり、峠を雲でおおい、暴風雨、雷、火の粉などで、たいじに来た人間をこまらせた。

なお、「大嶽丸」のかわりに、天狗の親分であった「白峰魔王」を三大妖怪に入れる場合もある。

子分の鬼をこらしめている「酒呑童子」。
国際日本文化研究センター所蔵『怪物画本』より

タヌキどうしの合戦

　タヌキどうしの戦いは、徳島県に伝わる阿波狸合戦が有名である。「金長狸」のチームと、「六右衛門狸」のチームによる戦いだ。とても大きな戦いで、たくさんのタヌキが何日も戦い、たくさん死んだという。
　「金長狸」と「六右衛門狸」も相討ちで死んでしまい、おさまりがつかなくなったところを「屋島の禿狸」というタヌキが両チームを説得させて戦いを終わらせたという。

「屋島の禿狸」がまつられている。香川県高松市の蓑山大明神。

河童の世界でのあらそい

　日本各地にあらわれる「河童」（➡P16）の世界でもあらそいがあった。
　九州の「河童」を天下統一したのは、九千匹の子分をもつといわれている「九千坊」という「河童」である。この「九千坊」だが、関東の「河童」の親分である「ねねこ河童」と関東に流れる利根川をかけて戦い、負けたといわれている。
　千年生きた「千年河童」という「河童」もいるのだが、これは「大杉天狗」という「天狗」（➡P30）と戦って負けたという話ものこっている。

関東の「河童」の親分「ねねこ河童」はメスだった。
国立国会図書館所蔵『利根川図志』より

129

妖怪のやっつけ方

　もし妖怪に出会ってしまったとき、どんなことをすればよいのか。それは妖怪の種類によっていろいろな方法がある。
　まず相手が「河童」（➡P16）ならばおじぎをすればいい。「河童」もついつられておじぎをしてしまい、頭にあるお皿の水がこぼれて力がぬけてしまうというのだ。
　次に「化けたぬき」「化けきつね」には煙が効果的だといわれている。まゆ毛につばをつけてもよい。やつらの術はあっという間にとけてしまうとされる。
　家にやってくる妖怪「目一つ坊」（➡P204）から身を守るためには、家の玄関にかごを逆さまにしてかざっておくとよい。目の数が多いかごを見ると、妖怪たちはにげ帰ってしまうといわれている。
　「船幽霊」（➡P100）は船に水を入れてしずめようとしてくるので、底がぬけたひしゃくをわたすとよい。底がぬけたひしゃくでは、水をくんで入れることができないので船は沈まない。
　トイレをのぞく妖怪「かんばり入道」は「かんばり入道ほととぎす」ととなえるときえるといわれているが、この呪文を「かんばり入道」がいないときに思い出すと、「かんばり入道」があらわれてしまう。
　最悪の妖怪「貧乏神」を家から追い出すには焼き味噌のにおいで外までさそい出し、道ばたに「貧乏神」ごとすててくるとよい。

「貧乏神」は家を貧乏にする妖怪だ。

3章

不気味な黒い影

人間をおどろかせるのが大好きな妖怪がいる。おそろしいすがたで、不気味な鳴き声を使っていたずらをすることが多い。すがたを見せないものもいる。

人間に病気をまきちらす河童の仲間

「ひょうすべ」は、漢字で「兵主部」とも書き、「河童」（➡P16）の仲間ともされる。もともとは、古代中国の水神であり、武神でもある「兵主部」が、日本にわたってきたものだといわれている。

いっぽうで、おひがんのころに、川ぞいを歩きながら「彼岸ヒョウヒョウ」と鳴いたことから、「ひょ

うすべ」という名前がついたという説もある。「ひょうすべ」はナスが好きだともいわれる。

また、人間に病気をまきちらし、すがたを見ただけで病気にさせる。人間の家にしのびこみお風呂に入るが、その湯には大量の毛が浮いている。その湯にふれたウマは死んでしまったという。

妖怪データ ［レア度 ★★☆］

別名	なし	大きさ	子どもと同じくらい
すがた	はげた頭に毛だらけの体をしている	地域	九州
特徴	人間を病気にする	場所	川・お風呂

132

3章

ひょうすべ

妖怪博士の記録

いたずらをふせぐじゅもん

「河童」や「ひょうすべ」から身をまもるためには、川や沼に入るときに「兵主部よ、約束せしは忘るなよ、川立つをのこ跡はすがわら」という言葉をとなえればよい。かつて菅原道真が太宰府に流されたとき、道すがらに「河童」を助けた。その恩を忘れるなという意味である。

じゅうばこばば

重箱婆

峠道にあらわれる老婆

熊本県玉名郡や宮崎県日向市の峠道にあらわれると伝わる妖怪である。一説によると、古狸が化けたものだともいわれている。顔が重箱であったり、のっぺらぼうであったり、重箱を手にしたおばあさんであったりする。

基本的に人間を2回にわたって脅かす(二度の怪)現象を起こす。熊本では「重箱婆じゃ、重箱婆じゃぁ、ご馳走はいらんかえ」と言いながら、人に重箱のような石を担がせる。熊本城付近にある天守閣に向かう法華坂にもすがたをあらわしたといわれている。

妖怪データ	レア度 ★★☆
別名　なし	大きさ　人間とおなじくらい
すがた　おばあさんのようなすがた	地域　九州地方
特徴　重い石を担がせる	場所　峠道、坂道

<ruby>倩兮女<rt>けらけらおんな</rt></ruby>

ケラケラ<ruby>笑<rt>わら</rt></ruby>っておどろかす<ruby>巨大<rt>きょだい</rt></ruby>な<ruby>女<rt>おんな</rt></ruby>の<ruby>妖怪<rt>ようかい</rt></ruby>

<ruby>他人<rt>たにん</rt></ruby>からおこられるよりも、<ruby>大声<rt>おおごえ</rt></ruby>で<ruby>笑<rt>わら</rt></ruby>われるほうがこわく<ruby>感<rt>かん</rt></ruby>じることもある。

「<ruby>倩兮女<rt>けらけらおんな</rt></ruby>」は<ruby>女<rt>おんな</rt></ruby>のすがたをしており、<ruby>塀<rt>へい</rt></ruby>をこえる<ruby>大<rt>おお</rt></ruby>きさで、<ruby>口紅<rt>くちべに</rt></ruby>をべっとりぬり、<ruby>大声<rt>おおごえ</rt></ruby>で「ケラケラ」と<ruby>笑<rt>わら</rt></ruby>い<ruby>出<rt>だ</rt></ruby>す。<ruby>理由<rt>りゆう</rt></ruby>もなく<ruby>笑<rt>わら</rt></ruby>ようすは<ruby>不気味<rt>ぶきみ</rt></ruby>である。<ruby>体<rt>からだ</rt></ruby>の<ruby>大<rt>おお</rt></ruby>きさは<ruby>人間<rt>にんげん</rt></ruby>と<ruby>同<rt>おな</rt></ruby>じくらいともいわれる。

<ruby>似<rt>に</rt></ruby>た<ruby>妖怪<rt>ようかい</rt></ruby>に「<ruby>笑<rt>わら</rt></ruby>いはんにゃ」というものもいる。この<ruby>妖怪<rt>ようかい</rt></ruby>もとつぜんすがたをあらわし、<ruby>子<rt>こ</rt></ruby>どもをつかまえて、「ゲラゲラ」と<ruby>大声<rt>おおごえ</rt></ruby>で<ruby>笑<rt>わら</rt></ruby>いながら<ruby>食<rt>た</rt></ruby>べるといわれている。

妖怪博士の記録

恐怖の妖怪、笑い男・笑い女

高知県には妖怪「笑い男」がいるという。この妖怪は、東光山に住んでおり、月の1日、9日、17日に山に入ると、必ず「笑い男」に会い、山中にひびきわたる笑い声で、心と体をこわされてしまう。笑うことで人間に不安をあたえる「笑い女」という妖怪もいて、この妖怪たちと「倩兮女」との関係は不明である。

妖怪データ　レア度 ★★★

別名	笑い女	大きさ	塀より大きい、または人間と同じくらい
すがた	口紅をぬった女	地域	全国
特徴	大声で笑っておどろかす	場所	町

3章

空からあらわれた
美しい女

沢女

さわおんな

　埼玉県の山間部に伝えられる妖怪である。かつて炭焼（木を蒸し焼きにして木炭をつくること）の作業をやっていた男が遭遇したと伝えられている。

　炭焼き窯の前で炭焼きの出来上がりを待っているときに、つい思わず燃えかすを近くの沢（小さな川）に投げこんでしまった。すると、空から1人の美しい女が現れた。この女の怪しい魅力に呆然としてしまい、ふと気がつくと、炭焼き窯の火が消えてしまい、中の炭が台無しになっていたと言う。

妖怪データ　レア度 ★★☆

別名	なし	大きさ	人間とおなじくらい
すがた	美しい女性のすがた	地域	埼玉県
特徴	空からあらわれる	場所	沢

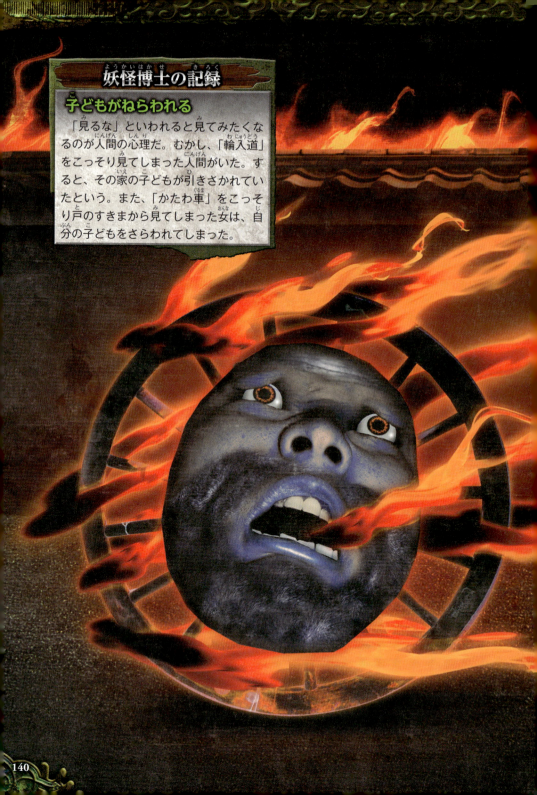

妖怪博士の記録

子どもがねらわれる

「見るな」といわれると見てみたくなるのが人間の心理だ。むかし、「輪入道」をこっそり見てしまった人間がいた。すると、その家の子どもが引きさかれていたという。また、「かたわ車」をこっそり戸のすきまから見てしまった女は、自分の子どもをさらわれてしまった。

3章

わにゅうどう

輪入道

炎につつまれている車輪の妖怪

「輪入道」は車輪のまんなかに、いかつい男の顔がはりつき、炎でつつまれている。この妖怪は、見た人間の魂をぬくといわれており、たいへんおそれられた。「此所勝母の里」と書かれたお札を玄関にはっておくと「輪入道」におそわれずにすむ。

京都府の東洞院通にあらわれる「かたわ車」という似た妖怪がいる。車輪の上にきれいな女がのっていて、この妖怪を見ると不幸になるといわれている。

妖怪データ　レア度 ★☆☆☆

別名	なし	大きさ	数m
すがた	男の顔がはりついた車輪。炎につつまれている	地域	京都府
特徴	人間の魂をぬいてもちさってしまう	場所	道

妖怪博士の記録

台風と一目連の関係

「一目連」は台風をあやつる妖怪、もしくは台風そのものといわれている。これは、"台風の目"という台風にできる雲のない空洞の部分と、「一目連」の特徴である片目が関係していると思われる。また、台風は「龍」の化身ともされる。

3章

一目連
（いちもくれん）

片目がつぶれた「龍」の妖怪

「一目連」は、片目がつぶれた「龍」（➡P248）であるといわれている。この妖怪があらわれると、雷がなり、大雨がふり、まき起こる強い風により海の上の船はひっくり返ってしまう。

「龍」のすがたをしているが、空を飛ぶときは黒い雲におおわれており、その雲は台風を起こして町や田畑をこわしながら飛んでいく。

三重県桑名市には、一目連神社という場所がある。この神社にはトビラがない。「一目連」が自由に出入りできるように開けているそうだ。「一目散」ににげるという言葉は、この妖怪からにげるようすがもとになって生まれたという説もある。

妖怪データ　レア度 ★★★

別名	天目一箇神	大きさ	数百m～数km
すがた	巨大な龍のすがたをしており、片目である	地域	三重県
特徴	暴風雨をまき起こし、家や船をこわす	場所	町・海

がしゃどくろ

がしゃがしゃと動く大きなガイコツ

野原で死んだ人間や、合戦で亡くなった人間の霊が集まってできた妖怪が「がしゃどくろ」である。数十mもの巨大なガイコツの妖怪だ。

夜中に「がしゃがしゃ」という音をたててさまようことから「がしゃどくろ」という名前がついた。人間を見たらおそいかかり、頭から食べてしまうといわれている。

平安時代、平将門が戦いに負けて死んだあと、その娘の滝夜叉姫は父親のかたきをうつために、多くのドクロが集まって生まれた巨大なガイコツ妖怪をあやつってあばれた。このガイコツ妖怪は「がしゃどくろ」と似た妖怪と思われる。

妖怪博士の記録

目が痛いと泣くドクロ

ある男が原っぱを歩いていると、どこからともなく「痛い、痛い」と苦しむ声が聞こえてきた。周囲を探してみると、1個のドクロが転がっていた。しかも、目にあたる穴からススキがはえている。かわいそうにと思って、ススキを抜いてやると、ドクロは男に恩返しをしたといわれている。

妖怪データ　レア度 ★☆☆☆

別名	なし	大きさ	数十m
すがた	巨大な骸骨のすがたをしている。	地域	全国
特徴	すばやく動き、力も強い。人間を食べる	場所	野原

妖怪博士の記録

ブラジルでも人気がある
鬼神「三吉様」

日本各地にある太平山三吉神社は、ブラジルのサンパウロ州にもあり、妖怪「三吉鬼」こと鬼神「三吉様」がまつられていて、現地で愛されているという。

妖怪データ　レア度 ★★☆

別名	三吉様	大きさ	数m
すがた	大男のすがたで、樽酒を飲みほす	地域	秋田県
特徴	力仕事ならなんでも得意	場所	酒屋

3章 三吉鬼(さんきちおに)

お酒が大好きな怪力の妖怪

ものすごい怪力でお酒のお礼に仕事をしてくれる妖怪が「三吉鬼」である。どこからともなく人里に出てきて、酒屋で樽3つの大酒を飲みほした。酒屋の主人が代金をはらってもらおうとすると、お酒のお礼になんでも仕事をやるという。これは人間ではないと思った酒屋が薪がほしいとたのむとその夜のうちに、お酒の代金の10倍もの薪をおいていってくれた。村の土木工事をお願いしたところ、一晩で終わらせたという伝説もある。

「三吉鬼」は、秋田県にある太平山三吉神社にまつられる鬼神「三吉様」と同じものではないかといわれている。つまり、神様として神社にまつられていた「三吉様」が、ときおりお酒を飲みに、鬼のすがたで人間の前にあらわれたのが「三吉鬼」なのかもしれない。

ぴちゃぴちゃ小僧

雨の日に家の雨戸を叩いてくる

千葉県銚子市に伝わる妖怪である。利根川に住んでおり、雨の日になると川から上がって街中を歩き悪く言われている。ときには、街中の家の雨戸を叩いて回ることもあると言う。また「ピチャピチャ小僧」とは別に「びちゃびちゃ小僧」と呼ぶこともある。歩きまわるときに「ピチャピチャ」と言う足音を立てて回ると言われている。河童の仲間だと言われているが、詳しい事はわからない。

3章

妖怪データ レア度 ★★☆

別名	びちゃびちゃ小僧	大きさ	人間の子どもとおなじくらい
すがた	子どものようなすがた	地域	千葉県
特徴	雨の日に雨戸をたたいてくる	場所	街中

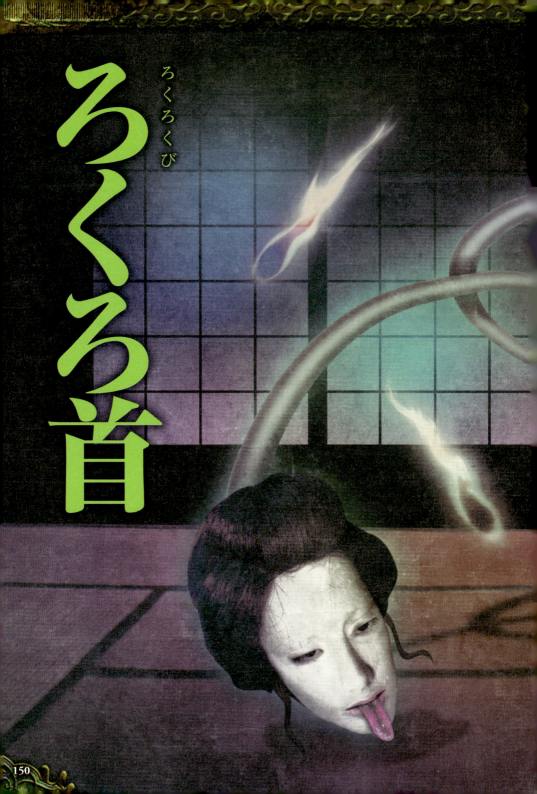

3章

とおくまで
みるみる首がのびていく

「ろくろ首」には、首がのびるものと、首が抜けて頭が自由に飛ぶものがいる。江戸時代の絵や本には、夜中に首がのびてあんどん（火を使った室内用のあかり）の油をぺろぺろとなめるすがたが、えがかれている。

もともとは「ろくろく首」とよばれていたが、短くちぢまって「ろくろ首」という名前になった。首が抜けて、頭が自由に飛ぶものは「抜け首」ともよばれる。この「抜け首」は、ものすごい速さで飛んで、人間を追いかける。

首が抜けるタイプの「ろくろ首」をたいじする方法はいくつかある。首がぬけているときに、こっそり体をかくしてしまう。すると、帰る場所がなくなった首がおおさわぎして、そのまま死んでしまう。

妖怪データ　レア度 ★★★

別名	抜け首	大きさ	人間と同じくらい
すがた	首がのびる、首が抜けて頭が自由に飛ぶ	地域	全国
特徴	人間を追いかけてくる	場所	家・屋外

妖怪博士の記録

ろくろ首

ろくろ首には2種類いる！

首が抜けるタイプの「ろくろ首」はさらに2種類いて、首が飛んでいくタイプと、魂が体から抜ける「離魂病（現代の言葉でいうと、幽体離脱）」のタイプにわかれる。

ある女が刀をもった侍に追いかけられる悪夢から目覚めたところ、じっさいに侍が「ろくろ首」に出会い、刀で切りかかったという。つまり、この「ろくろ首」は夢の中で体から抜けてしまった女の魂だったのだ。

また、ある店の主人は、侍が刀を抜いて切りかかってきたのでにげ出したという悪夢を見た。するとその侍が店をたずねてきて、「火の玉を追ってきたところ、この店に入っていった」といった。主人の魂が火の玉となっていたのだ。

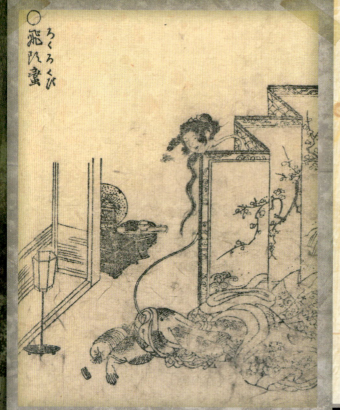

首がのびるタイプの「ろくろ首」。寝ている女の首がのびている。

国立国会図書館所蔵『画図百鬼夜行』より

自分が妖怪だと思っていない「ろくろ首」 02

　「ろくろ首」の中には自分が「ろくろ首」だと思っていないものも多い。なぜなら、そういう「ろくろ首」たちはほとんどの場合、**自分が寝ているときに勝手に首がのびてしまう**からだ。中には首がのびているときのことを自分が見ていた夢だと思いこんでいることもあるようだ。

　むかし、とてもまじめな商人がいたのだが、彼の妻は4、5年の間でなんと7人も変わったというのだ。商売をまじめにやっているということで、女たちはよろこんで嫁にきたが、みんなすぐににげ出してしまう。

　その理由は、なんと寝ている男の首が30cmものびるのを見てしまったというのだ。昼間に見たときにはふつうの首に見えたのだが、よく見るとその男の首には横じわが何本も入っていたらしい。

めずらしい男の「ろくろ首」。首を棒にまきつけている。
国際日本文化研究センター所蔵『化物婚礼絵巻』より

海外にもあらわれるろくろ首 03

　首がぬけるタイプの「ろくろ首」は、もともと中国の妖怪「飛頭蛮」であったという説がある。

　また、東南アジアには「ろくろ首」に似ている妖怪が何種類かいる。インドネシアのボルネオ島には「**ポンティ・アナ**」がおり、マレーシアには「**ペナンガラン**」がいる。どちらも、頭に内臓がついたすがたで体からぬけてしまい、光りながら飛び回る妖怪である。

　昭和の妖怪本では「ペナンガラン」を「胃ぶらりん」とよんでいた。「ペナンガラン」は、悪魔と約束した助産師（赤ちゃんをうむときに手伝ってくれる人）が妖怪となったものだといわれている。

　南米にも「ろくろ首」の仲間が住んでいて「**チョンチョン**」という名前でよばれている。

貂
てん

タヌキやキツネよりうまく化けることができる

　「貂」は、イタチに似たすがたをした動物である。タヌキやキツネより化けるのがうまいといわれている。三重県伊賀地方では「狐七化け、狸八化け、貂九化け」という言葉がある。「貂の道きり」といって、目の前を「貂」が横切ると不幸になったり、「貂」を殺すと火事にあったりする。また、「貂」は火柱（柱のようにみえる火）をおこすともいわれており、火柱がたおれた方角で火事が発生するそうだ。

妖怪データ　レア度 ★★★

別名	なし
すがた	イタチに似たすがた
特徴	化けるのがうまく、火事もおこせる
大きさ	数十cm
地域	全国
場所	山

髪切り
かみきり

3章

こっそり近づいて髪の毛を切る

トイレや道などにひそみ、気づかれずに女の髪の毛を切る妖怪。両手がハサミになっていて、口はくちばしのようになっている。髪の毛は女の魂ともいわれるが、あまりにもみごとな切り方なので切られた女も気がつかない。似た妖怪に「髪切り虫」という虫のような妖怪や「黒髪切り」という黒く巨大な妖怪もいる。また、キツネのいたずらという説もある。

妖怪データ　レア度★☆☆

別名	黒髪切り、髪切り虫	
すがた	両手がハサミになっていて、口はくちばしのようになっている	
特徴	こっそり人間に近づき、髪の毛を切る	
大きさ	人間と同じくらい	
地域	全国	
場所	家・道	

小豆洗い (あずきあらい)

小豆を洗う音をたてて人間をさそう

「小豆洗い」は、お坊さんのような着物を着て、ひげをはやしたきたならしい男のすがたである。地域によっては「小豆ばばあ」という女のすがたのものもいる。

川の近くで小豆を洗うような音をたて、音が聞こえるだけですがたは見えない。歌が好きなようで小豆を洗いながら、「小豆とごうか、人取って食おうか、ショキショキ」と歌う。おもしろがって「小豆洗い」に近づくと川におとされてしまうので注意しなければならない。

この妖怪は、川に住んでいるが、墓地、竹やぶ、道、屋敷などにも出ることがある。

また、似ている妖怪に東京都の麻布の家に出て、天井裏で小豆をまくような音をたてる「小豆はかり」がいる。さらに埼玉県の丸神の滝には、夜中に小豆をなげてくる「小豆夜なげ」があらわれる。

妖怪データ　レア度 ★★★

別名	小豆とぎ、小豆磨き、小豆そぎ	大きさ	人間と同じくらい
すがた	お坊さんのような着物を着て、ひげをはやしている	地域	全国
特徴	小豆を洗う音をたてる	場所	水辺が中心

妖怪博士の記録

小豆洗い

小豆洗いの正体は化ける動物？

01

「小豆洗い」の正体は、イタチ、キツネ、ムジナなどの化けることが得意な動物であるといわれることが多いようだ。

たとえば山県岡山市では、「小豆洗い狐」というキツネの妖怪のいたずらであり、京都府南丹市では「シクマ狸」という「化けタヌキ」のしわざとされている。

ほかにも、香川県観音寺市では「化けタヌキ」が小豆をみがいているといわれ、香川県丸亀市では「豆狸」（→ P237）が「小豆洗い」の正体であるとされている。

これらの動物と小豆の関係は不明である。

イタチは化けるのがとてもうまいとされる動物だ。

ムジナはタヌキに似たすがたをした生き物だ。

02 小豆洗いはなぜ小豆を洗うのか

　小豆は太陽信仰（＝アマテラスオオミカミ）につながる赤い色をしている。赤くて丸い小豆そのものが太陽をあらわしており、魔よけになるといわれている。
　春のお彼岸に食べる「ぼた餅」や、秋のお彼岸に食べる「おはぎ」は小豆でつくられており、太陽をあらわすので、最も縁起のよい食べ物とされている。
　そもそも豆そのものが「魔滅（魔を滅する）」につながり、妖怪をたいじすると考えられていた。節分のときに豆まきによって鬼を追い出すのも豆の力によるところが大きい。
　「小豆洗い」は、信仰（神や仏などを信じること）や魔よけから生まれた妖怪だといえそうだ。

縁起のよい食べ物とされるおはぎ。色と形が太陽をあらわしている。

03 音をたてる妖怪

　山梨県甲府では、古い橋の下にムジナが化けた「小豆洗い」が出た。ときには糸をあやつって音をたてることもあり、そのあやしい音は1km先まで聞こえたといわれている。この糸をあやつるという特徴は「糸ひき婆」という妖怪に似ている。
　このように音をたてる妖怪はほかにもいる。秋田県仙北市に伝えられている「くねゆすり」は、「くね」という生け垣をザワッザワッとゆらしておどろかせる。この「くねゆすり」は、なぜか「小豆洗い」といっしょに出てくるといわれている。
　長野県の妖怪の「米とぎ婆」は、山や井戸で米をとぐような音をたてる。
　静岡県浜松市に出る「洗たく狐」は、夜中に洗たくの音をたてるといわれている。

妖怪データ レア度 ★★★

別名	呼子	大きさ	50cm〜1.7m
すがた	黒か茶色のイヌのようなすがた	地域	全国
特徴	人間の声をそっくりに物まねして返す	場所	山

> 3章

妖怪博士の記録

人間の声まねをする妖怪たち

「山彦」に似た妖怪は各地にいる。長野県には、人間の言葉を返してくる「山彦岩」という岩があり、鳥取県では、「呼子」または「呼子鳥」という妖怪、高知県では、奇妙な声をあげる「やまひこ」という妖怪がいる。

山彦

山のむこうから声を返して術にかける

山にのぼり、頂上につくと思わず「ヤッホー」と叫びたくなる。すると、山のむこうから山彦が返ってきて「ヤッホー」と聞こえる。だが、それは自然現象ではなく、妖怪「山彦」のいたずらで、うかつに答えてはいけない。無視しないと「山彦」の術にかかって山の中で迷子になっ

てしまうともいわれる。

山の神・精霊とも考えられており、むかしから伝わる絵には耳が長く、体が茶色のイヌのようなすがたでえがかれている。

「山彦」は、漢字での書き方がたくさんあり、「幽谷響」「木霊」とも書かれることがある。

妖怪博士の記録

ロシアのお風呂妖怪「バンニク」

　実はロシアにも、妖怪「垢なめ」の仲間と思われる「バンニク」というお風呂妖怪がいる。ひげをはやし、やせたおじいさんのようなすがたをしている。ぱっと見ただけでは人間と区別がつかない。

　お風呂に熱湯をそそいだり、かべをたたいて人間をおどろかせたりする。ライ麦パンと塩をおいておくと悪さをしないという。

あかなめ

垢なめ

風呂おけの垢をなめるきれい好き

　「垢なめ」は、赤い顔をした子どものようなすがたをしている。夜にお風呂にあらわれて、長い舌をつかって風呂おけについた垢をなめるという。とくに悪さはしないのだが、

お風呂をきれいにしていないと、この妖怪が出る。だから、いつもお風呂をていねいにそうじしたという。「垢なめ」は、チリやほこりから生まれたと考えられている。

3章

妖怪データ　レア度 ★☆☆

別名	あかねぶり	大きさ	子どもと同じくらい
すがた	赤い顔をした子どものようなすがた	地域	全国
特徴	風呂の湯船についた垢をなめる	場所	お風呂

枕返し (まくらがえし)

枕を動かすいたずら好き

「枕返し」は、人間が寝ていると、枕の位置を逆にしてしまう。朝、起きてみると、頭の下にあったはずの枕が足元まで動いていることがある。これは「枕返し」のいたずらである。枕は寝ているあいだに、人間の魂が入るために、そのあいだには動かしてはならないといわれている。似た妖怪に「枕小僧」がいる。「枕小僧」は寝ている人間の枕をけり飛ばすいたずらをする。

妖怪データ　レア度 ★☆☆

別名	なし	大きさ	人間と同じくらい
すがた	おそろしい顔をしている	地域	全国
特徴	人間が寝ているあいだに枕の位置を逆にする	場所	家

赤ゑいの魚（あかえいのうお）

3章

全長3kmもある島のようなエイの妖怪

千葉県の野島崎から出航した船が、風でこわれてしまった。漂流した乗組員は、島にたどりついた。広い島であったが、人も家も見あたらず、草木があるばかりであった。水たまりで水を飲んでみたが、海水だった。船にもどり、島から離れるとその島が動き出した。その島は「赤ゑいの魚」だったのだ。この「赤ゑいの魚」は、全長が3kmもある巨大な妖怪である。

妖怪データ　レア度 ★★

別名	なし	大きさ	3kmぐらい
すがた	巨大な島のようなエイ	地域	全国
特徴	島だと思って上陸してきた人間をおどろかす	場所	海

165

山姥

やまうば

山に住んでいる怪力のおばあさん

　山に住んでいるおばあさんの妖怪、それが「山姥」である。人間に食べ物をせがんだり、おそいかかったりするが、迷子になった子どもを助けることもある。力がとても強く、人間の何倍もの速さで走る。とくに好きな食べ物は塩づけにした魚

であり、それをはこぶ馬方におそいかかって魚を食べつくし、さいごは馬方さえ食べようとする。
　同じおばあさんのすがたをした妖怪に「鬼婆」や「舌長姥」がいる。すがたが似ているので仲間の妖怪だといわれている。

妖怪博士の記録

金太郎をそだてた山姥

　むかし話で有名な「金太郎」は「山姥」と「龍」（➡ P248）の間に生まれたといわれる。けものと相撲をとらせたり、重いまさかり（斧）をもたせたりと、きびしくもやさしく育てたのだろう。

166

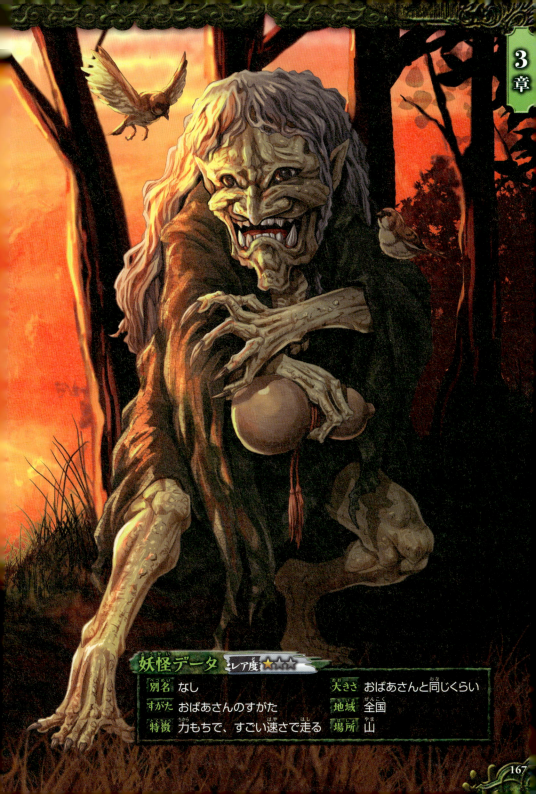

3章

妖怪博士の記録
死んだあとの鵺をまつった場所

たいじされた「鵺」の死体は、京都の人びとによって船にのせられ鴨川に流された。淀川を下った船は大阪府東成郡に流れついた。さらに流され海をへて、芦屋川と住吉川の間の浜に流れついた。その場所には「鵺」をまつった「ぬえ塚」というものがある。

鵺 (ぬえ)

さまざまな動物がミックスされた凶悪な妖怪！

さまざまな動物がまじり合って生まれた妖怪が「鵺」である。顔はサルに似ていて、足はトラ、しっぽはヘビというすがたをしている。「ヒョーヒョー」という鳥のトラツグミに似た声で鳴き、空を自由に飛びまわることができる。

平安時代、天皇の館の上に毎晩のように「鵺」が出て、気持ち悪い声で鳴いた。そのため、天皇が病気になってしまい、弓矢の名人である源頼政に「鵺」をたいじするように命令が出された。源頼政は屋根の上で鳴く「鵺」を弓矢でいり、地上におとした。家来の猪早太が刀でとどめをさし、みごとたいじした。

妖怪データ　レア度 ★★★

別名	なし	大きさ	1mくらい
すがた	たくさんの動物が合わさってできたすがた	地域	関西・静岡県
特徴	気持ち悪い鳴き声で病気にする	場所	町

浪小僧
なみこぞう

海に住んでいる小さな子ども

「浪小僧」は、静岡県西部の海に住んでいるといわれている。小さな子どもと同じくらいの大きさで天気を自由にあやつることができる。ある少年が田植えをしていると「浪小僧」があらわれた。大雨の日に海から陸に上がって遊んでいたものの、海に帰れなくなったというのだ。少年が「浪小僧」を海に帰してやると、恩返しとして雨を降らしてくれたという話がある。

妖怪データ ミ レア度 ★★☆

別名	波小僧	大きさ	子どもと同じくらい
すがた	小さな子どものすがたをしている	地域	静岡県
特徴	天気を自由にあやつることができる	場所	海辺

雷獣

雷といっしょにあらわれるけもの

　雷と同時におちてくる妖怪が「雷獣」である。前足が2本、後ろ足が2本で、後ろ足は4本ある場合もある。耳が小さく、つめが内側に曲がったもののようなすがたで、雷の鳴る夜に、雲にのって飛ぶという。

　「雷獣」はトウモロコシが好きだという説があり、雷に打たれた人間もトウモロコシを食べさせると息をふきかえすという。とくに人間をおそったりはしないようだ。

妖怪データ　レア度 ★★★

別名	雷竜	大きさ	タヌキと同じくらい
すがた	耳が小さく、つめが内側に曲がったけもの	地域	全国
特徴	雷雲にのって飛ぶ	場所	道

3章

カイナデ

トイレでおしりをなでてくる不気味な妖怪

地方によっては「節分の夜はトイレに行くな」といういい伝えがある。これは節分の夜にトイレに入ると「カイナデ」にお尻をなでられるからだという。この妖怪は、昭和のはじめごろには学校に出る妖怪としても広まった。

「カイナデ」に会わないようにするためには「赤い紙やろうか、白い紙やろうか」ととなえるか、便座に逆向きにしゃがむとよい。また、「河童」（→P16）も、「カイナデ」のようにトイレにかくれ、お尻をなでるといわれている。

妖怪博士の記録

お尻をなでる老人妖怪

出雲地方には毎年10月に日本中から神様が集まってくる。その神様を各地に送り返す儀式「カラサデ神事」が10月17日と26日に行われる。この日の夜にトイレに入ると、カラサデ婆・カラサデ爺が出てきて、お尻をなでられる。

妖怪データ　レア度 ★★☆

別名	カイナゼ	大きさ	不明
すがた	トイレの中に住んでいる	地域	全国
特徴	トイレの中から手をのばして、お尻をなでる	場所	トイレ

妖怪データ レア度 ★★☆

別名	ミノボシ、ミーボシ、ミームシ	大きさ	数cm
すがた	きれいに光りながら、蓑についてくる	地域	滋賀県・福井県・新潟県・秋田県
特徴	いくらはらってもどんどんふえてくる	場所	湖・畑・田んぼ

3章

蓑火
(みのび)

妖怪博士の記録

蓑火の仲間!?「川蛍」

千葉県印旛沼にでる妖怪で、ホタルのように光りながら飛ぶ。雨の日の夜中に出るといわれており、高さ30㎝から60㎝までの低空を飛ぶ。うかつにたたくとつぶれて、まわりにくさいにおいをはなつ。また、つぶれたあとにはぬるぬるした油のようなものがのこっている。

体にたかってくるあやしく光るナゾの虫

　火がでる原因がわからないふしぎな火のことを「怪火」という。「蓑火」は、「怪火」の一種である。

　雨の中、農作業をしている人が、雨つぶをよけるために蓑を着て働いていると、その蓑に光る虫のようなものがたくさんひっついてくる。気持ちが悪いので、手ではらって作業を続けるが、またすぐにさらに多くの光る虫のようなものが全身にまとわりつく。

　また、琵琶湖を船でわたるときにも、蓑にひっついてくるといわれている。この怪しい光る虫のようなものを「蓑火」とよんで、人びとはとてもおそれたという。

一本だたら

一つ目で1本足！雪の日に足跡をのこす

「一本だたら」とは、奈良県と和歌山県を中心にあらわれる山の妖怪である。一つ目で1本足のおそろしいすがただが、人間はおそわない。

奈良県伯母峰峠に出る「一本だたら」は、電柱に目と鼻をつけたようなすがたをしており、雪の日に宙返りしながら歩きまわり、1本足の足跡をのこす。朝、雪の上に片足だけの足跡がのこっていれば、「一本だたら」が夜にあらわれたということだろう。その足跡は30cmほどと大きく、片足のみのこっているのが特徴だ。

鉄で刀や鉄砲をつくっていたタタラ師（鍛冶師）の霊が「一本だたら」になったのではないかともいわれている。

妖怪データ ★★★

別名	一つだたら、一本足のたたら	大きさ	不明。足跡は30cmくらい
すがた	一つ目で1本足	地域	奈良県、和歌山県
特徴	雪の日に宙返りしながら歩き、足跡をのこす	場所	山

妖怪博士の記録

一本だたら

01 一つ目1本足の熊笹王

　山に住んでいる妖怪は、「一本だたら」と同じように、1本足で一つ目というすがたをしたものが多い。

　たとえば、奈良県上北山村の伯母ヶ峰にあらわれる「熊笹王」という妖怪がいる。妖怪になる前は、人間をおそうきょうぼうなイノシシだった。このイノシシが人間に殺されかけて、ふくしゅうのために一つ目1本足の鬼「熊笹王」となったのである。

　その後、「熊笹王」はお坊さんに封印されたのだが、毎年12月20日は自由に動くことができるという。

奈良県の「松本工房」では「一本だたら」の民芸品がつくられている。

02 一本だたらの仲間!?

　「一本だたら」のように雪の降った翌朝、雪の上に足跡をのこす妖怪はほかにもいる。富山県や岐阜県にあらわれる「雪入道」や、和歌山県にあらわれる「雪ん坊」は、1本足で一つ目のすがたをしており、「一本だたら」と同じ妖怪だという説もある。

もともとは神様だった妖怪

神様がなんらかの理由で妖怪になったという話がある。もともと神様だった妖怪は現在でも神様と同じく、まつられていることもある。

一目連 → P142

もともと龍神という神様であったともいわれている。

河童 → P16

水の神様だったが、おちぶれて妖怪になったという説もある。

ひょうすべ → P138

兵主神という戦いの神様であったともいわれている。

一本だたら → P176

天目一箇神という鍛冶の神様であったという話がある。

妖怪博士の記録

宮城県には「柿の精」がいる！

宮城県栗原市に伝わる「柿の精」の話。あるお屋敷にほうこうする女が、庭にたわわに実る柿を見てどうしても食べたくなった。その夜、真っ赤な顔の大男があらわれ尻をほじってなめろという。迷いながらもなめたところ、柿の味がしたという。翌朝、柿の木を見るとほじった跡があった。

タンタン コロリン

3章

無理やりにその実を食べさせる柿の怨念

柿の実の怨念が妖怪となったのが、「タンタンコロリン」である。人間のために必死に果実を実らせたにもかかわらず、その実を食べてくれないため、その実が妖怪になったと伝えられている。

赤くこわい顔をした男のすがた

で夕暮れにあらわれる。ふところにたくさんの柿を入れて、町中を歩きまわり、ぽとりぽとりと柿の実をおとしていく。自分の体をほじくり、熟した柿の実の一部を人間にむりやり食べさせるともいわれる。

妖怪データ　レア度★★★

別名	たんころりん	大きさ	人間と同じくらい
すがた	赤くこわい顔をした男	地域	東北地方
特徴	たくさんの柿をもち歩く	場所	町

幸運をもたらしてくれるふわふわの白い毛

妖怪なのか、未確認生物なのかはっきりしないのが「ケサランパサラン」である。白くて毛のようなもののかたまりで、風にのって飛んでくる。つかまえて飼っていると幸せになれる。桐の箱におしろいといっしょにいれておくと増えるといわれている。

また「ケサランパサラン」は神社の祠にいることが多く、東北地方にたくさん住んでいるとされている。その名前は、スペイン語の「ケセラセラ」がもとになっているという説、「袈裟羅・婆裟羅」という梵語(インド亜大陸や東南アジアで使われていた古い言語)がもとになっているという説、東北の方言という説があるが、はっきりしていない。

妖怪データ　レア度 ★☆☆

別名	なし	大きさ	数cm
すがた	白い毛のかたまりでふわふわ飛ぶ	地域	全国
特徴	ひろった人間をしあわせにしてくれる	場所	屋外

妖怪博士の記録

「ケサランパサラン」を代だいつたえる家

東北の古くから続く家では、「ケサランパサラン」を代だい伝えているという。もっていることを秘密にしていた家や、娘が嫁入りする際に、母から娘へと「ケサランパサラン」を分けあたえる家もあったという。

件

くだん

災害を予言するふしぎな妖怪

3章

「件」は、古くから日本各地で伝えられてきた妖怪である。名前がすがたをあらわしている。漢字の半分「イ」が人間であり、もう半分「牛」がウシである。メスのウシからうまれ、人間の言葉で災害や事故など国をゆるがすような大きな事件を予言して、すぐに死ぬという。つまり、「件」がうまれるということは不幸がせまってきていることを意味している。

似ている妖怪に「神社姫」、「アマビエ」、「くたべ」などがおり、どの妖怪も未来を予言するといわれている。予言する妖怪のすがたを紙にえがいて、かべにはっておくと災難からのがれられる。

妖怪データ　レア度 ★☆☆☆

別名	なし	大きさ	子ウシと同じくらい
すがた	人間の顔にウシの体	地域	全国
特徴	人間の言葉で未来を予言する	場所	ウシ小屋

185

妖怪博士の記録

件(くだん)

件が予言したできごと

「件」は何度もあらわれており、江戸時代では維新戦争、明治時代では日露戦争、第二次世界大戦の前には空襲、阪神大震災を予言したといわれている。

すがたは不気味だが、**天災や事故を予言してくれる**ので、人間にとってはとてもありがたい妖怪だ。今でも予言が当たると「くだんのごとし」というが、これは「件」から生まれた言葉である。

大分県別府市の「怪物館」という博物館には昭和中期まで**「件」のミイラ**が保管されていた。「件」と同じように予言をする妖怪はほかにもいる。江戸時代の本に「神社姫」という大きい「人魚」（➡P58）に角が2本はえたすがたの妖怪がのっている。1819年4月18日、肥前国（佐賀県、長崎県）のある海辺に、「神社姫」があらわれ、コロリという伝染病を予言したという。

「怪物館」に保管されていた「件」のミイラ。現在は写真でしかのこっていない。
画像提供：山口敏太郎タートルカンパニー

人間の言葉を話す妖怪

妖怪には人間の言葉を話せるものもいる。人間と会話をしてからかう迷惑なものもいれば、未来を予言してくれるいいものもいる。

応声虫 → P218

寄生した人間に口をつくり、そこから声を出してしゃべるという。

山彦 → P160

人間の声をまねしてあそぶいたずら好きな妖怪。

覚 → P196

人間の心を読んで、からかってくることもある。

件 → P184

人間の言葉で悪いことを予言してくれるありがたい妖怪。

日本各地のレア妖怪

そもそも妖怪というものは、なかなか出会うことのできないめずらしい存在だが、ここではその中でもとくにめずらしい妖怪を紹介しよう。古い本や絵にもなかなかのっていないし、伝説も少ないレア妖怪。これを知っていれば、きみもきっと妖怪博士になれるだろう。

宮ホーホー

山口県の妖怪「宮ホーホー」は、周防大島の下田八幡宮という神社にあらわれる。白い着物を着ていて、ニタニタと笑っている。足がとても長いのが特徴で、42段ある石段の上から下までとどくという。下田八幡宮の近くに「宮ホーホーの森」とよばれる場所があり、「宮ホーホー」が住んでいるそうだ。

下田八幡宮の石段。この石段の上から下までとどく長い足をもつ。

ちょうなつぽろ

「ちょうなつぽろ」は、千葉県の元倡寺にあらわれた妖怪。ある家族が元倡寺に泊まった。その夜、とつぜんあらわれた「ちょうなつぽろ」は口から毒霧を吹き、家族を殺したという話がのこっている。「ちょうなつぽろ」は大工道具の"ちょうな"に似たすがたで、サルのような顔をしているそうだ。

大道具の「ちょうな」。「ちょうなつぽろ」は、先についている刃の部分がサルの頭になっている。

あぐとねぶり

岩手県に住む「あぐとねぶり」という妖怪は、人間のかかとをなめるという。「あぐと」というのはかかとのことであり「ねぶる」というのは「なめる」という意味である。同じく岩手県の浄法寺町には「あぐとっぽり」という人間のかかとにまとわりつく妖怪があらわれる。もしかすると同じ妖怪なのかもしれない。

九尾の狐

日本三大妖怪にもえらばれている妖怪。凄まじい力をもち、インド、中国、日本の三国をあらしまわったという。悪いことをする妖怪というイメージがある一方、「麒麟」や「火の鳥」などと同じようによいことをする瑞獣と思われていることもある。日本だけでなく中国にも「九尾の狐」にまつわる伝説がある。

猩々

赤い顔で赤い毛をはやした妖怪。動物でいうとオランウータンのようなすがたに近い。海辺によくあらわれ、人間の言葉がわかる。大酒飲みだともいわれ、よっぱらうと大変見事な舞をおどる。もともとは中国の妖怪であり、日本にわたってきたと思われる。中国では黄色い毛をしているが、日本では赤い毛として伝わっていることが多い。

歴史上の人物と妖怪

歴史上の人物と妖怪が出会った事件は数多く伝えられている。
有名な例では聖徳太子は、「人魚」(→P58)と出会っている。空を飛ぶ妖怪「天馬」をもっていたという話もある。また聖徳太子がたおした物部守屋は、妖怪「寺つつき」に変化して、聖徳太子が建てた寺をこわそうとしたという。
平安時代の武将、源頼光と部下の四天王は、「酒呑童子」、「産女」(→P106)、「土蜘蛛」(→P226)、「牛御前」などの妖怪をたいじしており、平清盛は兵庫県の福原の都にいるときに、とつぜんあらわれた妖怪「目くらべ」とにらみあったという。また、平家をほろぼした源義経は、少年時代に妖怪「くらま天狗」に剣の技を教わり、兄である源頼朝に追われて、にげているとちゅうに、平家の亡霊が妖怪になったという「船幽霊」(→P100)におそわれた。
戦国時代、薄田兼相という武将は、妖怪「狒々」をたいじした岩見重太郎と同じ人物だといわれている。この岩見重太郎が「狒々」をたいじしたという伝説は日本の各地で伝えられており、歌舞伎にもなっている。
有名な戦国武将である織田信長は、愛知県の比良城の近くにある「あまが池」に「大蛇」が出るといううわさを聞き、池の水をかきだして探したという。泳ぎの達人をもぐらせたり、信長も池にもぐって探したりしたというが、そのすがたを見ることはできなかったそうだ。

物部守屋が「寺つつき」に変化するようす。
国際日本文化研究センター所蔵『怪物画本』より

4章

異形との接触

人間の仕事を手伝ってくれたり、幸せにしてくれたりと、やさしい性格の妖怪も実は多い。しかし、だからといって迂闊に近づくと思わぬ危険もあるので注意が必要だ。

見上げるほど巨大化！
背の高い男の妖怪

　「見越入道」のすがたは、巨大な男の場合と「ろくろ首」（→P150）のように首が長い場合がある。お坊さんや商人のような服を着ており、道や野原に出てくる。見上げれば見上げるほど大きくなる。

　「見越入道」をうっかり見上げると、のどをしめられるとも、のどを切られるとも、命をうばわれるともいわれている。また、見上げる人間を飛びこえたり、前に立っておどろかしたり、後ろから首をのばして、人間の目の前に顔をつきだすこともある。このような場合は「見越入道見こした」ととなえるときえる。また、下から見上げずに、上から見下ろすとよいという。

　長崎県の壱岐島では「見越入道」が出る前に「わらわらわら」とまるで笹をゆらすような音がするという。音がしたら、「見越入道見抜いた」ととなえると出会わずにすむ。

みこしにゅうどう

見越入道

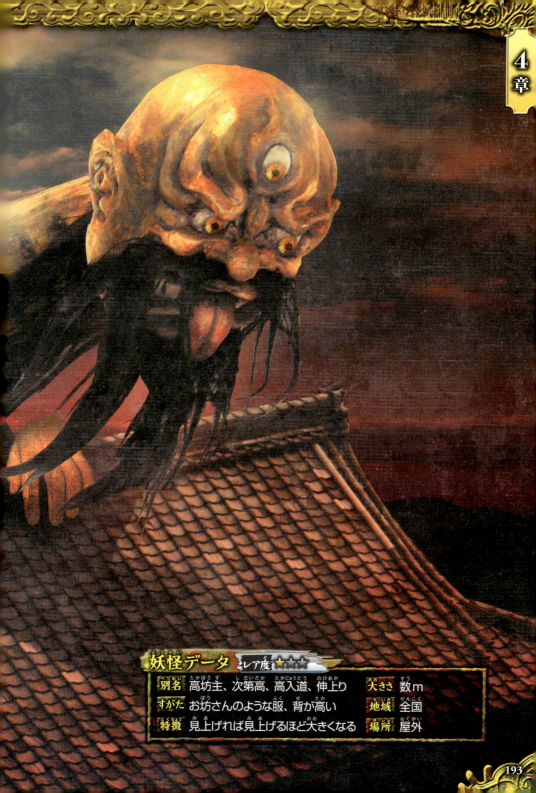

4章

妖怪データ レア度 ★★★

別名	高坊主、次第高、高入道、伸上り	大きさ	数m
すがた	お坊さんのような服、背が高い	地域	全国
特徴	見上げれば見上げるほど大きくなる	場所	屋外

妖怪博士の記録
見越入道

見越入道の仲間？「高坊主」

「見越入道」の仲間は各地にあらわれている。とくに四国にあらわれる「高坊主」（➡P84）は「見越入道」によく似ている。

香川県さぬき市の駒足峠にあらわれた「高坊主」はとんでもなく大きいものだった。峠をはさんでいる2つの山に足をかけて、通りがかる旅人に大きな声で笑いかけたといわれている。勇気のある人が「高坊主」を切りつけたところ、きえてしまい二度とあらわれなかった。

徳島県では、麦の穂が出るころ（夏ごろ）、夕方まで遊んでいると「高坊主」におそわれるといういい伝えがある。徳島県の新浜の地切山にはタヌキが化けた「高坊主」があらわれ、人間をおどろかした。

木のかげからあらわれる「見越入道」。「高坊主」も同じようなすがただという。

国立国会図書館所蔵『画図百鬼夜行』より

いろいろな別名をもつ見越入道 02

「見越入道」は、地域によってさまざまな名前がある。「高坊主」（四国）、「次第高」（中国地方）、「高入道」（四国、近畿）、「伸上り」（全国）、「御輿入道」（熊本県）、「乗越入道」（岩手県）、「見上入道」（新潟県）、「入道坊主」（中部、東北地方）、「ヤンボシ」（中国地方）などである。

さらに、**女の「見越入道」もいるようで、「尼入道」とよばれており**、毛深くて首が長い。女で首が長い妖怪「ろくろ首」（→P150）の仲間なのかもしれない。**男の「ろくろ首」もいて、こちらは逆に「見越入道」に似ている。**

「見越入道」と「ろくろ首」は夫婦で、「豆腐小僧」（→P57）がその子どもだという話もある。

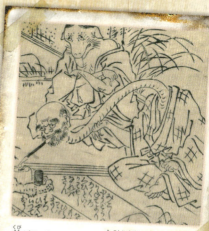

首がのびるタイプの「見越入道」もいる。
国立国会図書館所蔵『信有奇怪会』より

見越入道の呪い！ 03

愛知県豊橋市に住んでいたある男が、用事があって名古屋市の伝馬町に行くことになった。とちゅうであやしいつむじ風がふいてきて気分が悪くなったので、ウマと休んでいると、**4mもの大きさのおそろしい顔をした大入道**（坊主すがたの男）があらわれた。

大入道は目をらんらんとかがやかせ、男とウマのほうにむかってきた。こわくなって地面にふせていると、そのまま大入道は立ちさった。

男は、近くの家にかけこみ、「このあたりに天狗などはいるか」と聞いたところ、「その妖怪は、見越入道とよばれるものである」と教えてくれた。男は伝馬町にどうにかたどりついたが、**食欲がなくなり、熱病におかされ、「見越入道」に出会ってから13日目に死んでしまった。**

やさしい性格で人間の心を読む

全身がものすごい量の毛でおおわれている。人間の心を読むことができ、力もちで、やさしい性格である。他人の心を読むことを"さとる"というが、「覚」という名前はそこからきている。山の中に住んでおり、おにぎりなどをもらって、人間の仕事を手伝うこともある。

ある男が山の中でたき火にあたっていると、「覚」が出てきた。男がおそろしいと思っていると、「覚」は「おまえは、俺をおそろしいと思っているな」といった。男がこうげきしようと考えていると、「覚」は「おまえは、俺をこうげきしようと思っているな」といった。そのとき、たき火の燃えかすが偶然「覚」にあたった。「覚」は「人間は思ってもいないことをする」といいながらにげていった。

妖怪博士の記録

中国妖怪、玃

中国のむかしの本には、「玃」という立って歩くサルの妖怪がえがかれている。また日本の古い本にも、「玃」という妖怪が紹介されている。黒く長い毛におおわれており、これも立って歩く。この妖怪「玃」が妖怪「覚」に進化したと思われる。

妖怪データ　レア度 ★☆☆

別名	さとりの怪、玃	大きさ	数m
すがた	黒く長い毛におおわれている	地域	全国
特徴	人間の心を読む	場所	山

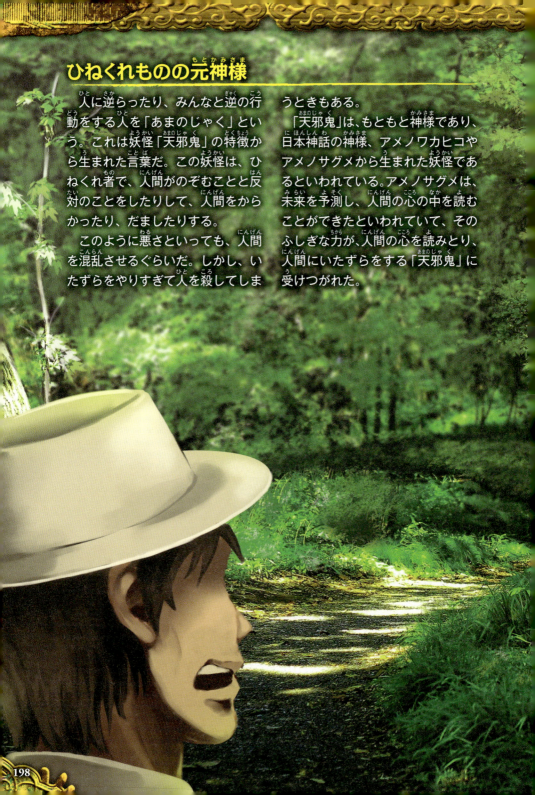

ひねくれものの元神様

　人に逆らったり、みんなと逆の行動をする人を「あまのじゃく」という。これは妖怪「天邪鬼」の特徴から生まれた言葉だ。この妖怪は、ひねくれ者で、人間がのぞむことと反対のことをしたりして、人間をからかったり、だましたりする。

　このように悪さといっても、人間を混乱させるぐらいだ。しかし、いたずらをやりすぎて人を殺してしまうときもある。

　「天邪鬼」は、もともと神様であり、日本神話の神様、アメノワカヒコやアメノサグメから生まれた妖怪であるといわれている。アメノサグメは、未来を予測し、人間の心の中を読むことができたといわれていて、そのふしぎな力が、人間の心を読みとり、人間にいたずらをする「天邪鬼」に受けつがれた。

妖怪博士の記録

天邪鬼

天邪鬼は仏教の敵！

　寺にある毘沙門天の像は、小さい鬼を足でふみつけているが、この鬼こそが「天邪鬼」だといわれている。「天邪鬼」のすがたのモデルは、毘沙門天の鎧のお腹のあたりにある鬼だという。

　毘沙門天は、仏教を守る四天王の1人。この四天王が「天邪鬼」を足でふみつけているのはなぜなのか。

　それは「天邪鬼」が人間の欲をあらわす存在であり、仏教の教えやそれを信じる仏教徒のじゃまをする存在であったからだという。

　「天邪鬼」は、日本各地の寺でふみつけられていたり、建物のささえになっていたりする。人間をからかったり、じゃましたりするが、きっとよわい妖怪なのだろう。

長勝寺の「天邪鬼」をふんでいる毘沙門天像。

安楽寺の仁王門の屋根をささえる「天邪鬼」。

鬼の仲間の妖怪

「鬼」はとても仲間が多い。たくましい体で、頭に角がはえたすがたがよく知られているが、ほかにもさまざまな「鬼」がいる。

元興寺 → P92

「元興寺」は日本で記録にのこっているもっとも古い鬼だ。

夜行さん → P126

首のないウマにのる鬼。人間を見つけしだい殺すおそろしい妖怪だ。

天邪鬼 → P198

たいして強くないが、めんどうな性格をした鬼である。

三吉鬼 → P146

「三吉鬼」は人間の仕事を手伝ってくれるいい鬼だ。

妖怪博士の記録

飯食わぬ女房

　むかし、ケチな男がおり、結婚するなら「飯を食わぬ女房がよい」といっていた。その後、飯を食べない嫁をもらったが、この女は男がいないときに、もうひとつの口で米を食べる「二口女」だった。しかも、男を風呂おけに入れて山につれさろうとした。男は木の枝に飛びうつり、なんとかにげることができた。

二口女
ふたくちおんな

4章

後ろの口で人の何十倍のご飯を食べる

「二口女」は、若く美しい女のすがただが、これにだまされてはいけない。頭の後ろがわにもうひとつ口があり、その口で人の何十倍のご飯を食べるので、うっかり結婚するとたちまちお金がなくなってしまう。

しかも、手だけではなく、髪の毛で食べ物をつかみ、もうひとつの口にはこぶため、食べるスピードが速い。ふだんは、このもうひとつの口は、髪の毛でかくされており、見た目はふつうの人間である。

また、妖怪「山姥」（➡P166）の仲間で、食べ物がなくなると夫を食べてしまうといわれている。クモに化けて人間に近づき、天井からおりてくることもある。

妖怪データ　レア度 ★★★

別名	飯食わぬ女房	大きさ	1.4m～1.6m
すがた	若くて美人だが、頭の後ろに口がもうひとつある	地域	全国
特徴	大食いで怪力	場所	家

4章

目一つ坊
（めひとつぼう）

目玉がひとつしかないいたずら好きな妖怪

「目一つ坊」は、よく知られている「一つ目小僧」と同じ妖怪である。ほとんどの日本人が聞いたことのある日本妖怪の代表的な存在だ。寺でお坊さんになる勉強をしている子どものすがたであったり、お坊さんのすがたであったりする。目玉はひとつしかない。足は2本だが、1本しかないものもいる。また、「一つ目小僧」という名前がよく知られているため、子どもと同じくらいの大きさだと思われがちだが、大きいすがたで出ることもある。

「目一つ坊」は外にも家の中にもあらわれる。とつぜん人間の前にあらわれておどろかすといういたずら好きな妖怪である。日本各地に伝説や記録が多くのこっている。

ある説によると、「目一つ坊」は豆腐が好きだといわれている。多くの妖怪は豆腐の原料である大豆がきらいなのだが、とてもふしぎである。

妖怪データ　レア度 ★★★

別名	一つ目小僧	大きさ	子どもと同じくらい。大きいときもある
すがた	目玉がひとつのお坊さん	地域	全国
特徴	人間の前にあらわれておどろかす	場所	家・屋外

妖怪博士の記録

目一つ坊

目一つ坊が出る四谷の武家屋敷

01

東京都の四谷にも「目一つ坊」が出たという話がある。

ある男が、屋敷に品物をとどけ、その代金をもらうために部屋で待た

一目坊主

されていた。しばらくすると10歳ほどの小僧があらわれて、部屋の掛け軸をまき上げては落とし、まき上げては落としとくり返していた。そしてついに掛け軸がやぶれてしまった。

自分のせいにされてはこまると思った男が「いたずらしてはいけないよ」と注意したところ、ふり返った小僧の顔には目がひとつしかなかった。その「目一つ坊」は「だまっていよ」と男をどなりつけ、どこかへ行ってしまった。

家のそばで立っている「目一つ坊」。お坊さんのような服を着ている。

国立国会図書館所蔵『怪物画本』より

関東地方の目一つ坊

　関東地方では、2月8日と12月8日の夜には、「目一つ坊」が「**みかり婆**」という一つ目の妖怪といっしょになって、町中の家をまわって**人間の目をうばっていく**という話が伝わっている。

　これをさけるためには、カゴをげんかんにぶら下げるとよいとされる。「目一つ坊」は目がひとつしかないので、アミ目がたくさんある**カゴを見て、「目玉がたくさんある」と、おそれてにげていく**そうだ。

　また、**ヒイラギの葉っぱ**にも、「目一つ坊」を防ぐ効果があるといわれている。これはギザギザにとがったヒイラギの葉っぱの先が「目一つ坊」の目玉をつきさすからだといわれている。

ヒイラギの葉っぱは、とげとげしている。この葉っぱが「目一つ坊」の目をさすのだ。

目一つ坊が豆腐小僧に進化した

　「**豆腐小僧**」（→ P57）は、江戸時代の安永年間（1772～1781）にとつぜんうわさになった妖怪である。5、6歳の子どものすがたで、雨のふる夕方や夜に、大きな笠をかぶってあらわれる。目をパチパチさせ、人のあとをついてくるそうだ。

　この「**豆腐小僧」は一つ目の妖怪である**ともいわれており、「目一つ坊」が進化した妖怪だという説もある。安永は豆腐が食べられはじめた時期である。また、1774年（安永3年）には大阪・京都で大洪水、1778年（安永7年）には伊豆大島噴火、1780年（安永9年）には関東でも洪水があった。

　つまり、この時代は豆腐を食べる習慣が広がる一方で、社会不安も大きくなっていた。社会不安は妖怪を生むのだ。

舞首
まいくび

火をふいて飛びまわる3人の男の生首

　「舞首」は、夜の海上に出る。3つの生首が口から火をふきながら、おたがいに悪口をいいあっていると伝えられている。昼間に出てくることもあり、そのときは海面に、「巴」という漢字に似た渦が出るという。そのため、この妖怪が出た場所は、「巴が淵」とよばれるようになった。

　鎌倉時代、伊豆真鶴の祭の日に、3人の武士が酒によって切り合いとなり、全員死んで妖怪になったといわれている。3人の男がバクチをやっていたところ、逮捕されて死刑となり、その後、男たちの死体が海に流され妖怪となってしまったという説もある。

妖怪博士の記録

中国にも舞首がいた!?

中国の王が、刀づくりの名人を殺した。名人の子どもは王の命をねらったが、王の命令をうけた暗殺者によって逆に殺されてしまう。暗殺者が子どもの首を王へとどけると、とつぜん3人の首がまじり合い、妖怪になったという。

妖怪データ　レア度 ★☆☆

別名	なし	大きさ	50cm～1m
すがた	男の生首が3つ、口から火をふいている	地域	静岡県
特徴	水中で渦をおこす	場所	海

奇妙なすがたをしている江戸の妖怪

江戸の見世物小屋に出た妖怪。江戸弁で「そんなべらぼうな（馬鹿げた）話があるか」「べらんめえ」という「べらぼう」いう言葉のルーツになった。それぐらい非常に奇妙な姿形をしていたらしい。黒い体に赤い丸い目、頭は△のように尖っており、顎は猿のように奇妙な形をしていたという。実在するかしないのか、ファジーな存在が妖怪なのだが、これは現実に捕獲され、江戸の庶民に公開されたリアルな妖怪である。

妖怪データ　レア度 ★★★

別名	なし	大きさ	不明
すがた	赤い丸い目がある奇妙なすがた	地域	江戸
特徴	江戸の見世物小屋に現れる	場所	街中

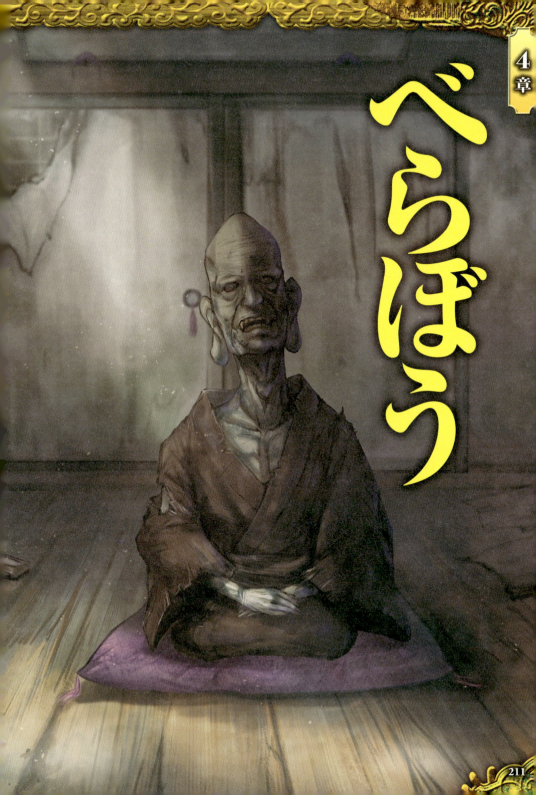

妖怪データ レア度 ★★☆

別名	長壁姫	大きさ	人間と同じくらい
すがた	美しい女のすがた・キツネのすがた	地域	兵庫県姫路市
特徴	人間の城主の命をうばう	場所	姫路城

4章 長壁(おさかべ)

姫路城の未来を予言する地元の神様

兵庫県の姫路城の主といわれる妖怪が「長壁」である。この妖怪は美しい女のすがたをしているとも、キツネのすがたをしているとも、おばあさんともいわれているが、さだかではない。

1年に1回だけそのときの城の主と会って、城の未来を告げる。姫路城が建つ前から、そこにまつられている地元の神様という説もあり、現在も本丸には「長壁」と関係があるとおぼしき「刑部明神」がまつられている。

また、剣豪・宮本武蔵が姫路城でこの妖怪と出会っている。夜の天守閣までのぼってきた武蔵の心の強さに感心した「長壁」は、天守閣に来た証拠をあたえたといわれている。

妖怪博士の記録

「長壁」の妹

兵庫県の姫路城の主である妖怪「長壁」には妹がいるといわれている。福島県の猪苗代城に住む妖怪「亀姫」が「長壁」の妹だという。各地のお城には城の主とされる妖怪がいるといわれている。しかも、その城の主である妖怪にさからった城主は、たちまち祟りにあってしまうそうだ。

川男
かわおとこ

背が高く浅黒い男が川ぞいにあらわれる

岐阜県の川の上流にあらわれる妖怪である。色があさ黒く、人間より背が高い。そのせいだろうか、むかしは背の高い人を「川男のようだ」とよぶことがあったという。

「川男」はとくに悪さはしない。おだやかな性格であり、川べりに座って、仲間と話をしているだけである。

夜に漁にいく人が、この妖怪をよく目撃したという。夜なのであさ黒く見えたのかもしれない。

また「山男」（➡P38）に対して、「川男」という名前が生まれたという説もある。

妖怪博士の記録

川に出る女の妖怪

「川男」に対して、川には女の妖怪もいる。妖怪「川姫」があらわれたときには、一番年上の人が合図をおくり、精気を吸われないように若者たちは下をむいて何もいわないようにする。妖怪「川女郎」は大雨で水の量がふえて、ていぼうがこわれそうになると「家が流れるわ」とひめいをあげるという。

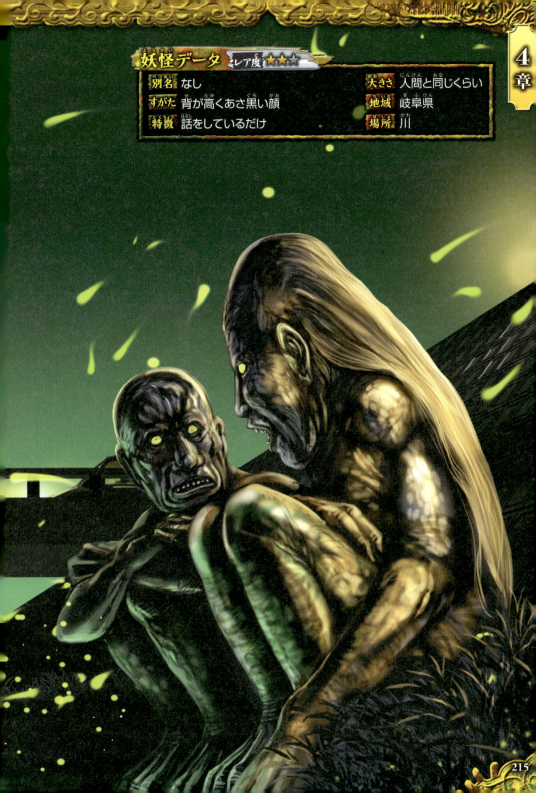

妖怪データ レア度 ★★★

別名	なし	大きさ	人間と同じくらい
すがた	背が高くあさ黒い顔	地域	岐阜県
特徴	話をしているだけ	場所	川

4章

妖怪データ レア度 ★★★

別名	美豆波	大きさ	3歳の子どもと同じくらい
すがた	目は赤く、耳はとがっており、きれいな髪をしている	地域	全国
特徴	死体を食べる	場所	屋外

4章 魍魎(もうりょう)

自然界の精霊があつまってできた妖怪

「魍魎」は、山や川、植物、岩などの精霊や動物などの霊があつまってできている。3歳の子どもくらいの大きさで、体の色は赤黒く、目は赤く、耳は長くとがっている。また、長く美しい髪をもつ。

もともとは中国の妖怪であり、日本にわたってきたといわれている。死んだ人の内臓を食べるという性質から、「火車」(➡P76)と似た妖怪ではないかと思われる。

ある役人の家来の中に、1人のまじめな若者がいた。ある夜、その若者が「自分は魍魎であり、ある村に死体をとりにいく順番がまわってきたのでお別れしたい」といった。翌朝、若者はすがたをけし、話に出た村では死体がきえる事件がおきた。

妖怪博士の記録

コンビ妖怪? 魑魅魍魎

妖怪「魑魅」、妖怪「魍魎」はセットで、「魑魅魍魎」と、妖怪や魔物全体のことをさす言葉として使われる。「魍魎」が人間の子どものようなすがたをしているのに対し、「魑魅」は、顔は人間で、体はけもののすがたをしていて、人間をだらしなくさせる。

応声虫（おうせいちゅう）

人間の体に入りこんで病気にしてしまう

人間の体の中にひそむ妖怪。この「応声虫」が体に入りこむと病気になってしまう。高熱で10日間ほど苦しみ、気がつくとお腹に大きなできものが発生している。そのできものは人間の顔のようになり、人間の口まねをしたり、食べ物を要求し、その口から食べたりする。雲母などの鉱物を食べさせるとできものはきえ、「応声虫」はお尻から出てきて死ぬ。

妖怪データ　レア度 ★★★

別名	腹中虫	大きさ	数十cm
すがた	人間の体に入りこむ小さな虫	地域	全国
特徴	人間の体にできもの（口）をつくり、物を食べる	場所	人体

寝肥(ねぶとり)

4章

とりつかれると 太ってしまう変わった妖怪

この妖怪にとりつかれると、毎日食べては寝をくり返すだらしない生活をおくることになる。そのため、その人間はブクブクと太り、相撲取りのような体になってしまう。一説によると、昼間はふつうの女だが、夜になってふとんに入ると体がウシのように巨大になる妖怪らしい。また、なまけものの女をいましめるために、この妖怪の話ができたという説もある。

妖怪データ　レア度 ★★★

別名	なし	大きさ	ウシぐらい
すがた	不明	地域	全国
特徴	とりついた人間をブクブクと太らせる	場所	人体

ぬっぺぼう

肉のかたまりに手足がはえたすがた

　この「ぬっぺぼう」は、肉のかたまりに手足がはえたような不気味なすがたをしていて、目も鼻も耳もない。死んだ人の肉から生まれた妖怪ともいわれている。真夜中に墓場や誰も住まなくなった寺をゆっくりと歩く。歌を歌うこともあり、その歌を聴いたものはたちまち老人になってしまう。さらに、とてもくさいにおいがすることもある。

　目、鼻、耳がないので、妖怪「のっぺらぼう」の仲間ではないかといわれている。ただし、「のっぺらぼう」は首から下が人間のすがたをしているが、「ぬっぺぼう」は大きな肉のかたまりである。

妖怪データ　レア度 ★★★

別名	ぬっぺっほう	大きさ	2m以下
すがた	肉のかたまりに手足がはえている	地域	全国
特徴	歌で人間を老人にする	場所	墓場・寺

妖怪博士の記録

ぬっぺぼう

ぬっぺぼうとのっぺらぼう

「ぬっぺぼう」と名前が似ている妖怪に「のっぺらぼう」がいる。体は人間のすがただが、顔には、目も鼻も口もない。

江戸時代にある男が東京都の品川から芝まで夜に歩いていた。ちょうど高輪の海に来たときに、子どもを背負った女とすれちがった。すれちがうときに女の顔を見たところ、目も鼻も口もない。女はそのまま歩いていったので確認できなかったが、その女をソバ屋の店員も見ていたそうで、見まちがいではなかった。
「ぬっぺぼう」と「のっぺらぼう」は同じ妖怪だという説もあるが、「ぬっぺぼう」は人間に対して、何かをするといった話がほとんどない。

夜道を歩く「のっぺらぼう」。「ぬっぺぼう」とはちがい、体は人間と同じすがたをしている。

徳川家康が出会ったぬっぺぼう　02

「ぬっぺぼう」と似たような妖怪が徳川家康に会いに来たことがあった。1609年、駿府城の中庭に、**肉のかたまりのような妖怪「肉人」**があらわれた。

その「肉人」の大きさは子どもぐらいなのだが、手に指がなく、まるで「天から来た」といわんばかりに、手を空にむかってつきあげ、何かをうったえていたという。つかまえようと家来たちが飛びかかってもにげられるので、家康の命令で裏山に追い出した。

この話を聞いた薬にくわしい人が**「その肉人は、中国の古い本にある"封"というもので、この肉を食べれば多くの力をもらえるきちょうな薬であった」**といって、とてもくやしがった。

徳川家康が出会ったという「肉人」は、手をつきあげて何かをうったえていたという。

ぬっぺぼうが「お母さん」となく家　03

現代でも「ぬっぺぼう」が出る場所があるとうわさされている。

関西地方のある家には、おかしなうわさがある。それは、3つの条件をクリアしたらその家をタダでもらえるというものだ。3つの条件とは、つぎのものである。

1. その土地の呪いを必ず受ける。
2. 3日以上家を空けない。
3. 死ぬまで住む。

この家のうわさはものすごいスピードで広がっているが、誰も手をあげない。

それは**夜になると「ぬっぺぼう」があらわれ、「お母さん」とよびかけられる**からだ。

いくらタダで家をもらえるとはいえ、不気味なすがたの「ぬっぺぼう」が毎晩あらわれるとなると、おそろしすぎて住みたくない。

4章 砂かけ婆

実は正体不明!? 人間に砂をかけておどろかす

「砂かけ婆」はおばあさんのすがたで、夜通りがかった人間に砂をかけておどろかすが、正体を見たものはいない。ムジナなどが木の上に登り、人間に砂をふりかけているとも、すがたは見えないともいわれている。

地域によってよび方はちがって、福岡県では「砂なげ婆」、滋賀県では「砂ほうり婆」といわれている。

妖怪博士の記録

「砂まきタヌキ」の砂のまき方

妖怪「砂まきタヌキ」は、青森県津軽地方、新潟県佐渡市、千葉県の利根川などにあらわれる。「砂まきタヌキ」の砂のまき方はかわっている。砂場で寝転んで体中に砂をつけ、木に登って人間が通りかかるのを待つ。人間が木の下に来るとぶるぶると体をふるわせて、体についた砂をまくのだ。

妖怪データ　レア度 ★★★

別名	砂なげ婆、砂ほうり婆
すがた	おばあさんのすがたをしている
特徴	砂をなげて、人間をおどろかす
大きさ	人間と同じくらい
地域	西日本
場所	林・寺

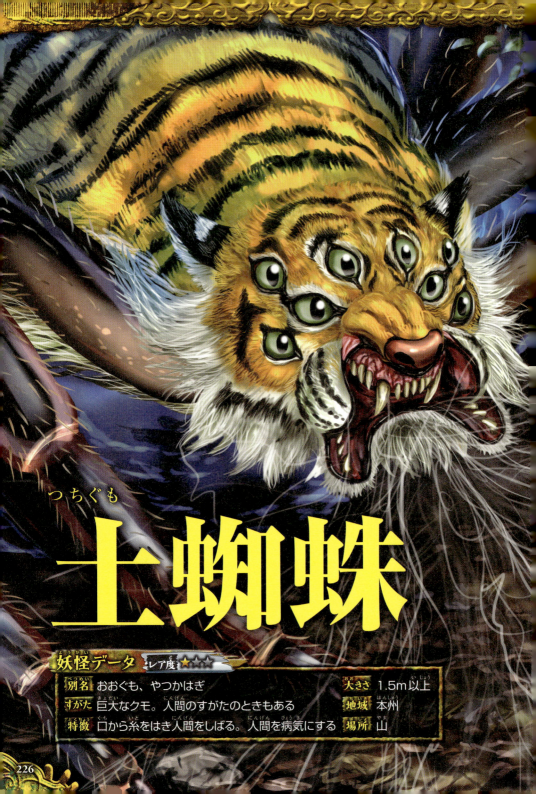

土蜘蛛 (つちぐも)

妖怪データ レア度 ★★☆

別名	おおぐも、やつかはぎ	大きさ	1.5m以上
すがた	巨大なクモ。人間のすがたのときもある	地域	本州
特徴	口から糸をはき人間をしばる。人間を病気にする	場所	山

4章

旅人を糸でつかまえて食べてしまうクモ

「土蜘蛛」は、鬼の顔とトラの胴体に長いクモの手足をもつ巨大なクモの妖怪だ。人間のすがたに化けることもある。山や町はずれに住んでおり、通りがかる人や旅人を糸でつかまえて食べる。

京都府でも「土蜘蛛」があらわれたことがある。妖怪たいじで有名な、源頼光が蓮台野に行ったところ、ドクロが空を飛んでいた。このドクロを追いかけると妖怪たちが住みついている古い屋敷にたどりついた。明け方に怪しい美女があらわれ、頼光が切りつけると美女はきえ、血のあとが続いていた。そして血の先にいた巨大なクモを切り殺した。

妖怪博士の記録

病気にさせる土蜘蛛

「土蜘蛛」は人間を病気にさせることもある。源頼光は「土蜘蛛」によって病気になり、高熱で寝こんでしまった。そこへ、身長が2.1mもあるあやしいお坊さんがあらわれ、縄でしばろうとしてきた。頼光が刀で切りつけると、お坊さんはにげさった。翌日、のこされた血のあとを追ったところ「土蜘蛛」を発見。みごとたいじした。

妖怪データ レア度 ★★★

別名	なし	大きさ	人間と同じくらい
すがた	上品な着物を着た日本の妖怪の親分	地域	全国
特徴	家にあがりこみ、お茶を飲んだりする	場所	家

4章 ぬらりひょん

正体不明のずうずうしいやつ

「ぬらりひょん」は、その名前の通り、ぬらりくらりしており正体がはっきりわからない。

年末の忙しい夕方どきなどに、金持ちの商人のような上品な着物すがたで、どこからともなく商売をやっている家にあがりこみ、勝手にお茶を飲んでくつろぐという。「この人はだれだろう」「だれかの知り合いだろうか」とみんなが思っているが、ふと気がつくといなくなっている。

秋田県には「ぬらりひょん」があらわれた坂道がある。岡山県では海に浮かんだり沈んだりして人間をからかう丸いタコやクラゲのようなすがただと伝えられている。

妖怪博士の記録

妖怪の親分なのか？

昭和のはじめから日本の妖怪の親分といわれはじめた。百鬼夜行（➡P66）がえがかれた絵巻の先頭には、よく「ぬらりひょん」がえがかれており、リーダーであることは事実であろう。江戸時代までは、妖怪の親分は「見越入道」（➡P192）といわれていたが、明治から昭和の間に、親分が「ぬらりひょん」に入れかわったと思われる。

うしおに
牛鬼

水辺で人間をおそう危険な人喰い妖怪

　日本の妖怪の中でもかなり凶暴な妖怪が「牛鬼」である。海や川などに住み、すがたは、頭がウシで鬼の体、頭が鬼でウシの体、ウシの頭でクモの体、といくつか種類があるようだ。愛媛県では、長い首にクジラのような体のすがたであらわれるという。

　力が強く、水の中から出てきて、水辺にいる人間をおそうことが多く、中には「濡れ女」（→P70）とコンビを組んでいることもある。

　「濡れ女」が赤ちゃんをだいて出てきて、人間に赤ちゃんをだくようにお願いする。すると赤ちゃんがだんだんと重くなり、動けなくなる。そこに「牛鬼」が出てきて、人間におそいかかるという。

　平安時代の本に、「名おそろしきもの」のひとつとしてあげられており、かなり古い妖怪であることがわかる。

妖怪データ　レア度 ★★★

別名	なし	大きさ	クジラと同じくらい
すがた	頭がウシで鬼の体、頭が鬼でウシの体	地域	全国
特徴	力が強く、水の中から出てきて人間をおそう	場所	水辺

妖怪博士の記録

牛鬼

牛鬼のミイラがのこされていた!?

01

妖怪のミイラは日本各地にのこされている。とくに「人魚」(→P58)、「河童」(→P16)、「鬼」、「天狗」(→P30)などメジャーな妖怪のミイラが多い。

福岡県久留米市の観音寺には、「牛鬼」の手のミイラがのこされている。1063年にあらわれた「牛鬼」を、**観音寺のお坊さんが、念仏と法力を使ってたいじして、「牛鬼」の手をミイラにしたもの**だという。

侍でさえこわくてにげだすほどの「牛鬼」をお坊さんがひとりでたいじしたのは衝撃だが、千年近くたった今、その「牛鬼」の手がのこされていることもおどろきである。

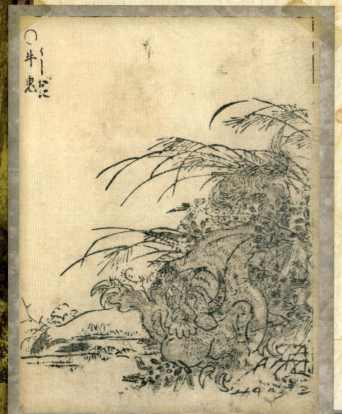

国立国会図書館所蔵『画図百鬼夜行』より

この「牛鬼」に立ち向かったというのだから、とても強いお坊さんであったのだろう。

恐怖！　浅草寺をおそった牛御前　02

「牛鬼」のようにウシの頭をもつ妖怪が、東京都の浅草寺をおそったことがある。

1251年、浅草寺にウシのような妖怪があらわれた。この妖怪は「牛御前」とよばれる妖怪で、食堂にいたお坊さん24人が「牛御前」のはく毒によって病気になってしまい、7人が死んだ。「牛鬼」はウシの頭に鬼の体をもつといわれているが、この「牛御前」は鬼の体ではなく、人間の体をもっていたようだ。

「牛御前」は、川からとつぜん出てくると、浅草寺の近くにあった牛嶋神社に入りこみ、1個の玉をおとしてきえた。この玉は現在、牛嶋神社に宝物として保管されている。

牛嶋神社は牛御前社とよばれていたそうだ。「牛御前」があらわれたことと関係があるのかもしれない。

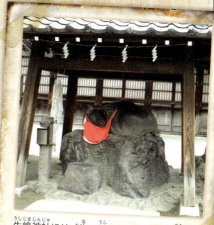

牛嶋神社には「撫で牛」というウシの像がおいてある。牛御前と関係があるのだろうか。

「牛鬼」という名前の怪火　03

「牛鬼」というと、人間をおそう凶暴で危険な妖怪というイメージがある。しかし、人間に害をあたえない「牛鬼」もいる。これは火の妖怪（＝怪火）である。

『異説まちまち』という江戸時代の本には、妖怪のふしぎな話がたくさんのっている。この本に「牛鬼」という怪火の話がある。

島根県北東部に伝わる話で梅雨の時期や湿気が多い時に、川べりの橋に行くと、たくさんの白い光がチョウのようにひらひらと飛びまわって体にくっついてくる。この現象を「牛鬼とあった」というそうだ。その光はいろりの火であぶるときえるといわれる。

これはほかの地域に出る「蓑火」（➡P174）という妖怪の特徴と似ている。

ケンムン

毛におおわれた河童に似た漁の名人

「ケンムン」は、鹿児島県奄美群島に伝わる妖怪。最近でも目撃されており、足跡の写真も撮影されている。もとは、人間だったといわれており、全身が黒か赤い毛でおおわれている。頭のお皿には、水か油が入っている。よだれには、リンがまじっていて、夜になると青く光る。

「河童」（➡P16）や「キジムナー」（➡P22）とすがたや性質が似ており、なんらかの関係がある妖怪だと思われる。

魚や貝を好み、「キジムナー」と同じく漁の名人であり、仲よくなると魚がよくとれるようになるが、お礼に魚の目玉をほしがる。

妖怪博士の記録

マッカーサーへのふくしゅう!?

マッカーサー（アメリカの軍人）の命令で鹿児島県奄美大島の「ケンムン」が住むガジュマルの森に刑務所をつくることになった。人びとは、「マッカーサーの命令だ」といいながら、ガジュマルの木を切った。それから、「ケンムン」を見かけなくなり「ケンムン」はアメリカに行ったといううわさが流れた。その後、マッカーサーが亡くなり、再びケンムンが目撃されるようになった。

妖怪データ　レア度 ★☆☆☆

別名	ケンモン	大きさ	子どもと同じくらい
すがた	黒か赤の毛、頭にお皿、肌の色は赤	地域	奄美大島
特徴	漁の名人、魚の目玉を食べる	場所	森

天井なめ
てんじょうなめ

天井をなめて長い舌でシミをつくる

「天井なめ」は、やせた体で飛びはねて、長い舌を使い、天井をなめる妖怪である。天井についているシミは、この妖怪がつけたものであるという。かつて、群馬県館林市の武士が「天井なめ」をつかまえ、館林城のクモの巣そうじをやらせたという話ものこっている。

妖怪データ　レア度 ★★★

別名	なし
すがた	やせた体で、長い舌をもっている
特徴	天井をなめてシミをつくる。クモの巣そうじができる
大きさ	人間と同じくらい
地域	全国
場所	家

豆狸(まめだぬき)

八畳サイズ！ イタズラ狸の金玉ふくろ

人間をだますのが得意なタヌキで、大きな金玉ふくろをもっており、頭からかぶって、何かに化けるといわれている。また、息をふきかけて自分の金玉ふくろを広げ、大きな八畳間にする。ある人物が、友人の家に泊まったときにタバコの灰をおとしてしまった。するとたちまち八畳間がきえてしまった。友人は「豆狸」であり、八畳間は金玉ふくろだったのだ。

妖怪データ　レア度 ★☆☆

別名	なし	大きさ	小型犬と同じくらい
すがた	大きな金玉ふくろをもっているタヌキ	地域	関西
特徴	自分の金玉ふくろを広げて、八畳間にする	場所	山

妖怪データ レア度 ★★☆

別名	なし	大きさ	不明
すがた	足音を鳴らすが、すがたは見えない	地域	関西・中部・北陸
特徴	ついてくるだけ	場所	道

べとべとさん

4章

夜道をついてくるストーカー妖怪？

夜道を歩いていると、後ろからだれかがついてきているような感じがする。ときには足音が聞こえることもある。これは妖怪「べとべとさん」が後をついてきているのだ。こういうときは、「べとべとさん、先にお越し」といって道をあけてやるとよい。すると「べとべとさん」は、その人間からはなれるという。

地域によって出る場所がちがって、奈良県宇陀市ではくらい夜道に出る、静岡県では山をおりるときに出るという。同じように、夜道で人間の後をついてくる妖怪はたくさんいる。「オクリイヌ」、「オクリイタチ」、「オクリスズメ」、「ピシャガツク」「アトオイコゾウ」などである。

妖怪博士の記録
くらい道が苦手な「べとべとさん」

ある夜のこと、町人が提灯をさげて歩いていると、後ろから「ピタピタ」と音がする。そこで「べとべとさん、先へお越し」というと「先に行くと、くらくて歩けない」と「べとべとさん」が答えた。「それなら、この提灯を貸してやる」というと、「べとべとさん」は提灯を借りて先に行ったという。

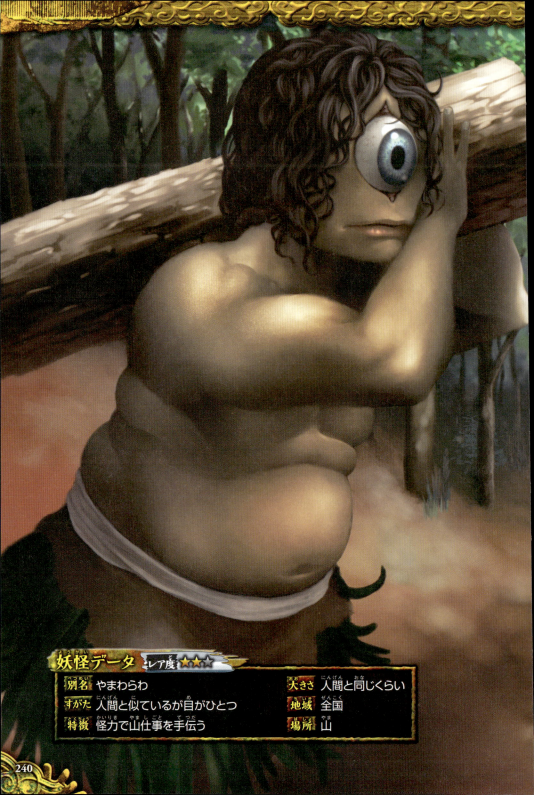

4章 山童（やまわろ）

働きものでいたずら好きの一つ目妖怪

　山に住む妖怪「山童」は、人間と同じくらいの大きさで、目がひとつである。全身にたくさんの毛がはえていることもある。
　何十人力の怪力で、山仕事をする人は仕事が多いときに、「山童」に食べ物をあげる約束をして仕事をたのんだ。人間からもらうお酒やおにぎりなどが大好きだという。

　やさしい性格で、山の峠をこえる人間の荷物をかついでくれたり、山仕事を手伝ったりする。人間の家に入りこんでかってにお風呂に入ったり、人間の歌や、木のたおれる音のものまねをするいたずら好きな妖怪でもある。

妖怪博士の記録

河童と山童の関係

　九州では夏に川べりでいたずらをする「河童」（➡P16）が、秋になると山に入り、「山童」になるという。つまり、「河童」と「山童」は同じ妖怪だという説があるのだ。「河童」が山に入るときに使う道の上に人間の家があると、かべに穴をあけられるなど、さんざんいたずらをされる。

百々目鬼

うでにたくさんの目玉をもつ美しい女

「百々目鬼」は美しい女のすがたをしているが、腕にはたくさんの目玉がある。その腕を見せて人間をおどろかせる。

この女は、盗みなど悪いことばかりをしていたバチがあたり、そのせいで腕に目玉ができてしまったのだ。むかしのお金は、50円玉のように穴があいていることが多かった。その穴が鳥の目ににていることから、お金を盗む人間の腕には目ができ、妖怪になるといわれた。

また栃木県宇都宮市には、「百々目鬼」をたいじしたという伝説がのこっている。ある侍が「百々目鬼」に致命傷をあたえ、最後は本願寺のお坊さんのお経でじょうぶつさせたそうだ。

妖怪博士の記録

妖怪「百目」の正体は？

「百々目鬼」と似た名前で「百目」という妖怪がいる。この「百目」は目撃記録がなく、その正体についてはナゾが多い。江戸時代の絵描きが練習のお手本にしていた本にそのすがたを見ることができる。絵描きによって伝えられてきた妖怪と考えられる。

おとろし

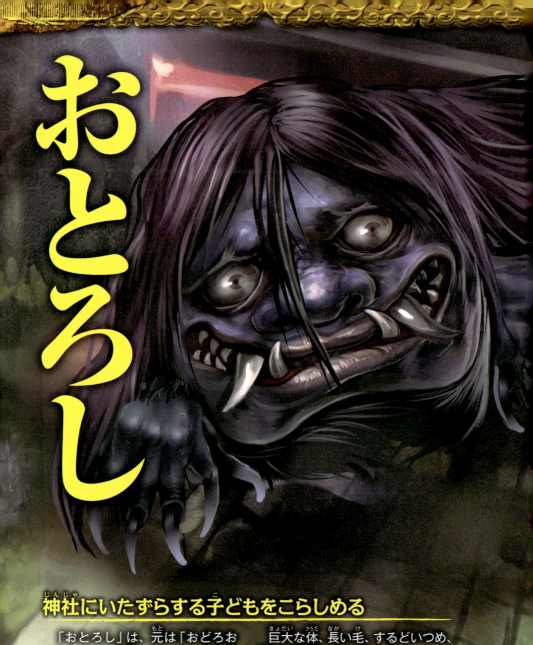

神社にいたずらする子どもをこらしめる

「おとろし」は、元は「おどろおどろ」という名前だったが、江戸時代に「おとろし」とよばれるようになった。"おどろおどろしい"という言葉から、その名がついたと思われる。

巨大な体、長い毛、するどいつめ、大きな目玉のすがたをしている。
ある本には、神社にいたずらをすると鳥居の上からおりてきて、子どもをこらしめるという。つまり、神社の神様をまもるいい妖怪である。

妖怪博士の記録

ある屋敷に「おどろし」があらわれた

秋田県公文書館にある『久保田城下百物語』によると、長野坂檜山屋敷に「おどろし」という大きな頭をもった妖怪があらわれたと記載されている。この「おどろし」は、「おとろし」と同じ妖怪か、似た種類の妖怪だと思われる。

4章

妖怪データ　レア度 ★★★

別名	おどろおどろ	大きさ	数m
すがた	巨大な体、大きく丸い目、鋭いつめと長い髪をもつ	地域	全国
特徴	とつぜん出てきて、人間をおどろかす	場所	神社・家

245

妖怪データ　レア度 ★☆☆

別名	なし	大きさ	1.4m～1.7m
すがた	一つ目、指が3本で、はだかで上半身だけ田んぼから出ている	地域	東北
特徴	大声でさけんで、なまけものをこらしめる	場所	田んぼ

4章 泥田坊

妖怪博士の記録
泥田坊に似た妖怪、畑怨霊

泥田坊と似た「畑怨霊」という妖怪がいる。農作物の収穫が少ないためにお腹をすかせて死んでしまった人を、葬式に出さずにほっとくと「畑怨霊」になってしまう。「畑怨霊」は生きている人間に祟りをなすという。

なまけものをしかるために田んぼに出る

手入れのされていない田んぼに出る妖怪。はだかで片目がつぶれており、手の指が3本しかないすがたで「田を返せ、田を返せ」と毎晩大声でさけぶ。東北にすむ働きものだった老人が、子どもたちにたくさんの田んぼや畑をのこして死んだ。しかし、なまけものの子どもによって田んぼがあれ放題になってしまった。「泥田坊」は、これをなげいて出てきたといわれている。

この妖怪を通して、「働きもせず、毎日なまけてばかりいると、たいへんなことになる」という教えが東北に伝わっている。

水や天気をあやつる神様のようなそんざい

　日本の妖怪の中で最強だといわれているのが、「龍」である。巨大なヘビの体にさまざまな動物のパーツがついたすがたをしている。「龍」は妖怪というより神様として「龍神」とよばれ、日本の各地でまつられてもいる。また、「龍」は水の神とも考えられており、日本の海や沼、川を守る一番えらいそんざいである。

　「地竜」という「龍」は、地中か水中に住んでいて、鳴き声だけで雷や雨をよび、あらしの夜に天に登るといわれている。

　「龍」は中国からやってきた妖怪で、中国でも水の神として信仰されていた。王様の証としてあつかわれ、王様の顔を"龍面"とよび、王様をおこらせることを「げきりんにふれる」といった。この「げきりん」とは、「龍」にあるウロコであり、そこをさわると「龍」がおこるといわれている。

妖怪データ　レア度 ★★★

別名	なし
すがた	巨大なヘビの体にさまざまな動物のパーツがつく
特徴	天候をあやつる

大きさ	不明
地域	全国
場所	屋外

妖怪博士の記録

龍（りゅう）

龍の中にも種類がある 01

「龍」はもともとヘビだったという説がある。ヘビは500年生きると「蛟」になり、さらに1000年たつとようやく「龍」になれる。この「蛟」は、「龍」の子どもともいわれているが、4本の足をもっており、川や池に住み大水害をおこす。

また「虹龍」という「龍」は、すがたを雲に変えて、中国の黄河に水を飲みに来る。「應龍」や「蜃龍」も「蛟」と同じように4本の足がある。巨大なつばさがはえているのが特徴で、気をはいて蜃気楼（幻のようなもの）を見せる。

さらに「龍」とウシのハーフが「麒麟」であり、ウマとのハーフが「龍馬」、イノシシとのハーフが「象」、ワシとのハーフが「應龍」だという。

国立国会図書館所蔵『北斎漫画』より

4種類の「龍」がえがかれている。「龍」は妖怪の中でも種類が多い。

龍のすがたはどうなっているのか 02

　「龍」の体はさまざまな動物からできている。**角はシカ、頭はラクダ、耳はウシ、つめはタカ、目はウサギ、体はヘビ、せなかのウロコはコイ**である。

　また、「龍」のつめの数は国によってちがう。中国では5本、朝鮮半島では4本、日本では3本である。あごの下に玉をもっているといわれており、その玉は宝物とされた。

　「九頭竜」という頭が9つある「龍」が有名であり、日本各地に「九頭竜」をまつる神社がある。

　神奈川県の江ノ島には有名な龍神伝説があり、頭が5つある「五頭竜」がいたとされる。この「五頭竜」は、すなおな性格で、女神に説得されて人間の守り神になった。

箱根九頭龍神社の「龍」の像。つめは3本で、さまざまな動物の特徴がまざったすがた。

現代にあらわれる龍 03

　現代でも世界中の人が「龍」に出会っており、写真もたくさんのこされている。

　2004年6月22日、旅行客がチベットのアムド地方へ向かう飛行機の中、なんとなくヒマラヤ山脈を撮影した。その写真の中に「龍」らしき物体がうつりこんでいたのだ。イギリスやチリでも「龍」があらわれていて、西洋の「龍」である「ドラゴン」が飛んでいる動画がインターネットで流されている。

　また、日本でも山形県上空や沖縄県の海で「龍」が飛ぶようすが目撃されている。さらに、ある寺では、「龍」を人間にとりつけて、その人の守り神にしてくれるという。霊感の強い人にはそのすがたがはっきり見えるそうだ。

現代にひそむ妖怪

妖怪はむかしの伝説にのこっているものと思われがちだが、21世紀になった現代でもそのすがたをあらわしている。それは、都市伝説、学校の怪談、心霊体験などから生まれたものである。むかしの妖怪が進化したものなのか、それとも現代に存在する新しい妖怪なのか……。

人面犬

「人面犬」は人の顔をもつ犬の妖怪で、すごく速いスピードで走る。話しかけると「ほっといてくれ」など、いやな言葉を返してくることもある。江戸時代の絵にも「人面犬」がえがかれている。さらに江戸時代の本によると、白い犬が人の顔をした犬をうんだという記録ものこされているようだ。

「人面犬」の像。人間の顔で不気味に笑っている。

すきま女

部屋のすきまからあらわれる「すきま女」。

「すきま女」は、人間が入りこめないすきまにあらわれる女の妖怪である。すきまだけではなく、うすっぺらな紙のような女が神社の階段で目撃されたこともある。すきまは境界（別の世界の入口で妖怪が出てくる場所）といわれている。すきまから何かに見つめられている気がすることがあるだろう。そんなときは、「すきま女」に見られているのかもしれない。

花子さん

「花子」さんはおかっぱ頭をしていることが多い。

学校のトイレに住んでいるという女の子の妖怪が「花子さん」だ。3番目のトイレにいることが多い。日本各地でうわさされているが、「花子さん」は人間をおどろかせるだけで、おそうという話はほとんどない。トイレのドアをノックして、「は～な～こ～さ～ん」とよぶと、「は～い」と返事をするという。もしかすると、きみの学校のトイレにも「花子さん」がいるかもしれない。

100キロババア

不気味に笑う「100キロババア」。

「100キロババア」は、ものすごいスピードで走ってくる、おばあさんのすがたをした妖怪。車でにげようとすると、同じスピードで追ってくるという。さらに、高速道路を使っても無表情のまま走って追いついてくる。車にのっているとき、あやしいおばあさんが走って追いかけてきたら、どんなにスピードを出してもにげることはできないだろう。

ゴム男

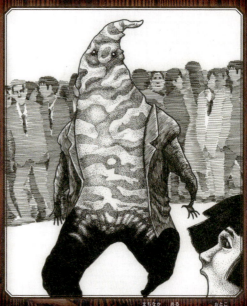

どうどうと町中を歩く「ゴム男」。

「ゴム男」は、ゴムのようにやわらかい体で緑色の顔をした妖怪。顔の色は赤色のものもいるらしい。体をクネクネさせながら動くという。ある男の話によると、お昼に町中をどうどうと歩いていたという。親子であらわれたり、おばあさんのすがたをしていたり、人間の夢の中にあらわれたりすることもある。

人間にちょくせつ何かするわけではないが、不気味な妖怪である。

小さいおっさん

「小さいおっさん」についてくわしいことはわかっていないのだが、目撃情報がとても多い。ある女の話によると、かなしいことがあってお風呂で泣いていると、とつぜんあらわれた「小さいおっさん」にはげまさ

れたが、こわいのでシャワーで流してしまったそうだ。

ほかにも、「小さいおっさん」と「小さいおばさん」がポットのコードをひっぱっていたところを目撃したという話もある。

こわいというより、何だかふしぎな妖怪である。

こっくりさん

文字を書いた紙の上に 10 円玉などのお金をおき、そこに何人かで指をのせて行う占いが「こっくりさん」だ。「こっくりさん」は日本各地で呪文や方法が少しずつ違う。「狐狗狸」という漢字で書かれるこ

ともあり、キツネやイヌやタヌキなど霊力をもつとされる動物の霊をよび出して占うので、おもしろがってやると、呪われてしまうのでやってはいけない。

「こっくりさん」は、もともと海外の「テーブルターニング」という遊びがもとになっているともいわれている。

帰ってくる生き人形

ある女の子が今まで住んでいた家からひっこすことになり、小さいころから大切にしてきた人形をすてた。ひっこしたその夜に電話がなり、女の子がでると「もしもし、わたしよ。なんでわたしをおいて行ったの？」という声が聞こえる。また

電話がなり「今ね、あなたの町の駅にいるの」。いそいで電話を切るとまた電話がなる。「今ね、あなたの家の前よ」。おびえながら女の子が玄関をあけて外をのぞいたが、だれもいない。いたずらだったのだろうと思い部屋にもどると 4 回目の電話がなる。母親からだと思い電話にでると、先ほどの声が「今ね、あなたの"う・し・ろ"よ」と。

●著者

山口 敏太郎 [やまぐち びんたろう]

作家・漫画原作者、編集プロダクション・芸能プロダクションである(株)山口敏太郎タートルカンパニー代表取締役。銚子駅前の大内かっぱハウスにて『山口敏太郎の妖怪博物館』を運営中。主な著作に、『山口敏太郎の日本怪忌行』(大都社)、『日本人奴隷化計画』(明窓出版)、『前田日明vs山口敏太郎 最強タッグ!』(明窓出版)など。『怪談グランプリ』(関西テレビ)、『マツコの知らない世界』(TBS)などテレビ・ラジオ出演歴は300本を超える。

●資料提供

臼杵市観光情報協会
株式会社山口敏太郎タートルカンパニー
ぐーたら気延日記
Getty Images
国際日本文化研究センター
国立国会図書館
松本工房

●イラスト

合間太郎
あおひと
anco
池田正輝
lcula
古賀マサヲ
黒法師げげぼ
河野隼也(妖怪藝術団体　百妖箱)
債鬼
坂井結城
sel
なんばきび
ノInH
増田羊栖菜
増田よしはる
madOwl
fracoco
プーチャミン
八尋高天鏡

●デザイン・DTP

門脇正造

●編集協力

スタジオポルト
kamo_f

※本書は、当社刊『大迫力! 日本の妖怪大百科』(2014年8月発行)を再編集し、書名等を変更したものです。

大迫力! 新・妖怪大百科
だい はくりょく！ しん・ようかい だいひゃっか

2024年9月25日発行　第1版

著　者	山口 敏太郎
発行者	若松和紀
発行所	株式会社 西東社

〒 113-0034　東京都文京区湯島 2-3-13
https://www.seitosha.co.jp/
電話 03-5800-3120 (代)

※本書に記載のない内容のご質問や著者等の連絡先につきましては、お答えできかねます。

落丁・乱丁本は、小社「営業」宛にご送付ください。送料小社負担にてお取り替えいたします。
本書の内容の一部あるいは全部を無断で複製(コピー・データファイル化すること)、転載(ウェブサイト・ブログ等の電子メディアも含む)することは、法律で認められた場合を除き、著作者及び出版社の権利を侵害することになります。代行業者等の第三者に依頼して本書を電子データ化することも認められておりません。

ISBN 978-4-7916-3297-8